सदाबहार कहानियाँ

लेव तोल्स्तोय

अनुवाद

मुंशी प्रेमचंद

युवान बुक्स

अनबाउंड स्क्रिप्ट का उपक्रम

सदाबहार कहानियाँ : लेव तोल्स्तोय

ISBN : 978- 93- 92088- 38- 4

प्रकाशक : अनबाउंड स्क्रिप्ट
2/41, अंसारी रोड,
दरियागंज, दिल्ली- 110002
वेबसाइट : www.unboundscript.com
ई- मेल : books@unboundscript.com
फोन : 011- 35807601

मुद्रक : यश प्रिंटो ग्राफ़िक्स, नोएडा, उत्तर प्रदेश

मूल्य : ₹ 125/-

अनुक्रम

एक चिनगारी घर को जला देती है

एक समय एक गांव में रहीम खां नामक एक मालदार किसान रहता था। उसके तीन पुत्र थे, सब युवक और काम करने में चतुर थे। सबसे बड़े का ब्याह हुआ था, मंझला ब्याहने को था, छोटा क्वांरा था। रहीम की स्त्री और बहू चतुर और सुशील थीं। घर के सभी परानी अपना-अपना काम करते थे, केवल रहीम का बूढ़ा बाप दमे के रोग से पीड़ित होने के कारण कुछ कामकाज न करता था। सात बरसों से वह केवल खाट पर पड़ा रहता था। रहीम के पास तीन बैल, एक गाय, एक बछड़ा, पंद्रह भेड़ें थीं। स्त्रियां खेती के काम में सहायता करती थीं। अनाज बहुत पैदा हो जाता था। रहीम और उसके बाल-बच्चे बड़े आराम से रहते; अगर पड़ोसी करीम के लंगड़े पुत्र कादिर के साथ इनका एक ऐसा झगड़ा न छिड़ गया होता जिससे सुखचैन जाता रहा था।

जब तक बूढ़ा करीम जीता रहा और रहीम का पिता घर का प्रबंध करता रहा, कोई झगड़ा नहीं हुआ। वह बड़े प्रेमभाव से, जैसा कि पड़ोसियों में होना चाहिए, एक-दूसरे की सहायता करते रहे। लड़कों का घरों को संभालना था कि सबकुछ बदल गया।

अब सुनिए कि झगड़ा किस बात पर छिड़ा। रहीम की बहू ने कुछ मुर्गियां पाल रखी थीं। एक मुर्गी नित्य पशुशाला में जाकर अंडा दिया करती थी। बहू शाम को वहां जाती और अंडा उठा लाती। एक दिन दैव गति से वह मुर्गी बालकों से डरकर पड़ोसी के आंगन में चली गयी और वहां अंडा दे आई। शाम को बहू ने पशुशाला में जाकर देखा तो अंडा वहां न था। सास से पूछा, उसे क्या मालूम था। देवर बोला कि मुर्गी पड़ोसिन के आंगन में कुड़कुड़ा रही थी, शायद वहां अंडा दे आयी हो।

बहू वहां पहुंचकर अंडा खोजने लगी। भीतर से कादिर की माता निकलकर पूछने लगी बहू, क्या है?

बहू- मेरी मुर्गी तुम्हारे आंगन में अंडा दे गई है, उसे खोजती हूँ। तुमने देखा हो तो बता दो।

कादिर की मां ने कहा मैंने नहीं देखा। क्या हमारी मुर्गियां अंडे नहीं देतीं कि हम तुम्हारे अंडे बटोरती फिरेंगी। दूसरों के घर जाकर अंडे खोजने की हमारी आदत नहीं।

यह सुनकर बहू आग हो गई, लगी बकने। कादिर की मां कुछ कम न थी, एकएक बात के सौसौ उत्तर दिये। रहीम की स्त्री पानी लाने बाहर निकली थी। गालीगलौच का शोर सुनकर वह भी आ पहुंची। उधर से कादिर की स्त्री भी दौड़ पड़ी। अब सबकी सब इकट्ठी होकर लगीं गालियां बकने और लड़ने। कादिर खेत से आ रहा था, वह भी आकर मिल गया। इतने में रहीम भी आ पहुंचा। पूरी महाभारत हो गयी। अब दोनों गुंथ गए। रहीम ने कादिर की दाढ़ी के बाल उखाड़ डाले। गांव वालों ने आकर बड़ी मुश्किल से उन्हें छुड़ाया। पर कादिर ने अपनी दाढ़ी के बाल उखाड़ लिये और हाकिम परगना के इजलास में जाकर कहा मैंने दाढ़ी इसलिए नहीं रखी थी जो यों उखाड़ी जाये। रहीम से हरजाना लिया जाए।

पर रहीम के बूढ़े पिता ने उसे समझाया बेटा, ऐसी तुच्छ बात पर लड़ाई करना मूर्खता नहीं तो क्या है। जरा विचार तो करो, सारा बखेड़ा सिर्फ एक अंडे से फैला है। कौन जाने शायद किसी बालक ने उठा लिया हो, और फिर अंडा था कितने का? परमात्मा सबका पालनपोषण करता है। पड़ोसी यदि गाली दे भी दे, तो क्या गाली के बदले गाली देकर अपनी आत्मा को मलिन करना उचित है? कभी नहीं, खैर! अब तो जो होना था, वह हो ही गया, उसे मिटाना उचित है, बढ़ाना ठीक नहीं। क्रोध पाप का मूल है। याद रखो, लड़ाई बढ़ाने से तुम्हारी ही हानि होगी।

परन्तु बूढ़े की बात पर किसी ने कान न धरा। रहीम कहने लगा कि कादिर को धन का घमंड है, मैं क्या किसी का दिया खाता हूँ? बड़े घर न भेज दिया तो कहना। उसने भी नालिश ठोंक दी।

यह मुकदमा चल ही रहा था कि कादिर की गाड़ी की एक कील खो गई। उसके परिवार वालों ने रहीम के बड़े लड़के पर चोरी की नालिश कर दी।

अब कोई दिन ऐसा न जाता था कि लड़ाई न हो। बड़ों को देखकर बालक भी आपस में लड़ने लगे। जब कभी वस्त्र धोने के लिए स्त्रियां नदी पर इकट्ठी होती थीं, तो सिवाय लड़ाई के कुछ काम न करती थीं।

पहले-पहल तो गालीगलौज पर ही बस हो जाती थी, पर अब वे एक-दूसरे का माल चुराने लगे। जीना दुर्लभ हो गया। न्याय चुकाते-चुकाते वहां के कर्मचारी थक गए। कभी कादिर रहीम को कैद करा देता, कभी वह उसको बंदीखाने भिजवा देता। कुत्तों की भांति जितना ही लड़ते थे, उतना ही क्रोध बढ़ता था। छह वर्ष तक यही हाल रहा। बूढ़े ने बहुतेरा सिर पटका कि "लड़कों, क्या करते

हो? बदला लेना छोड़ दो, बैर भाव त्यागकर अपना काम करो। दूसरों को कष्ट देने से तुम्हारी ही हानि होगी।" परंतु किसी के कान पर जूं तक न रेंगती थी।

सातवें वर्ष गांव में किसी के घर विवाह था। स्त्री- पुरुष जमा थे। बातें करते- करते रहीम की बहू ने कादिर पर घोड़ा चुराने का दोष लगाया। वह आग हो गया, उठकर बहू को ऐसा मुक्का मारा कि वह सात दिन चारपाई पर पड़ी रही। वह उस समय गर्भवती थी। रहीम बड़ा प्रसन्न हुआ कि अब काम बन गया। गर्भवती स्त्री को मारने के अपराध में इसे बंदीखाने न भिजवाया तो मेरा नाम रहीम ही नहीं। झट जाकर नालिश कर दी। तहकीकात होने पर मालूम हुआ कि बहू को कोई बड़ी चोट नहीं आई, मुकदमा खारिज हो गया। रहीम कब चुप रहने वाला था। ऊपर की कचहरी में गया और मुंशी को घूस देकर कादिर को बीस कोड़े मारने का हुक्म लिखवा दिया।

उस समय कादिर कचहरी से बाहर खड़ा था, हुक्म सुनते ही बोला- कोड़ों से मेरी पीठ तो जलेगी ही, परन्तु रहीम को भी भस्म किए बिना न छोड़ूंगा।

रहीम तुरन्त अदालत में गया और बोला हुज़ूर, कादिर मेरा घर जलाने की धमकी देता है। कई आदमी गवाह है।

हाकिम ने कादिर को बुलाकर पूछा कि क्या बात है।

कादिर सब झूठ, मैंने कोई धमकी नहीं दी। आप हाकिम हैं। जो चाहे सो करें, पर क्या न्याय इसी को कहते हैं कि सच्चा मारा जाए और झूठा चैन करे?

कादिर की सूरत देखकर हाकिम को निश्चय हो गया कि वह अवश्य रहीम को कोई न कोई कष्ट देगा। उसने कादिर को समझाते

हुए कहा- देखो भाई, बुद्धि से काम लो। भला कादिर, गर्भवती स्त्री को मारना क्या ठीक था? यह तो ईश्वर की बड़ी कृपा हुई कि चोट नहीं आई, नहीं तो क्या जाने, क्या हो जाता। तुम विनय करके रहीम से अपना अपराध क्षमा करा लो, मैं हुक्म बदल डालूंगा।

मुंशी- दफा एक सौ सत्तरह के अनुसार हुक्म नहीं बदला जा सकता। हाकिम- चुप रहो। परमात्मा को शांति प्रिय है, उसकी आज्ञा पालन करना सबका मुख्य धर्म है।

कादिर बोला- हुजूर, मेरी अवस्था अब पचास वर्ष की है। मेरे एक ब्याहा हुआ पुत्र भी है। आज तक मैंने कभी कोड़े नहीं खाए। मैं और उससे क्षमा? कभी नहीं मांग सकता। वह भी मुझे याद करेगा।

यह कहकर कादिर बाहर चला गया।

कचहरी गांव से सात मील पर थी। रहीम को घर पहुंचते-पहुंचते अंधेरा हो गया। उस समय घर में कोई न था। सब बाहर गए हुए थे। रहीम भीतर जाकर बैठ गया और विचार करने लगा। कोड़े लगने का हुक्म सुनकर कादिर का मुख कैसा उतर गया था! बेचारा दीवार की ओर मुंह करके रोने लगा था। हम और वह कितने दिन तक एक साथ खेले हैं, लड़ाई थी न झगड़ा, प्रेमपूर्वक जीवन व्यतीत करता था। अब? अब तो तुमने महाभारत बना रखा है, क्या इसी का नाम जीवन है? हाय! हाय! यह तुम क्या पाप कर्म कर रहे हो? तुम घर के स्वामी हो, यमराज के सामने तुम्हें उत्तर देना होगा। बालकों और स्त्रियों को तुम क्या शिक्षा दे रहे हो, गाली बकना और ताने देना! कल तारावती पड़ोसिन धनदेवी को गालियां दे रही थी। उसकी माता पास बैठी सुन रही थी। क्या यही भलमनसी है? क्या गाली का बदला गाली होना चाहिए? नहीं बेटा, नहीं, महापुरुषों का वचन है कि कोई तुम्हें गाली दे तो सह लो, वह स्वयं पछताएगा। यदि कोई

तुम्हारे गाल पर एक चपत मारे, तो दूसरा गाल उसके सामने कर दो, वह लज्जित और नम्र होकर तुम्हारा भक्त हो जाएगा। अभिमान ही सब दुःख का कारण है तुम चुप क्यों हो गए! क्या मैं झूठ कहता हूँ?

रहीम चुप रह गया, कुछ नहीं बोला।

बूढ़ा- महात्माओं का वाक्य क्या असत्य है, कभी नहीं। उसका एक- एक अक्षर पत्थर की लकीर है। अच्छा, अब तुम अपने इस जीवन पर विचार करो। जब से यह महाभारत आरम्भ हुआ है, तुम सुखी हो अथवा दुःखी! जरा हिसाब तो लगाओ कि इन मुकदमों, वकीलों और जाने- आने में कितना रुपया खर्च हो चुका है। देखो, तुम्हारे पुत्र कैसे सुन्दर और बलवान हैं, लेकिन तुम्हारी आमदनी घटती जाती है। क्यों? तुम्हारी मूर्खता से। तुम्हें चाहिए कि लड़कों सहित खेती का काम करो। पर तुम पर तो लड़ाई का भूत सवार है, वह चैन लेने नहीं देता। पिछले साल जई क्यों नहीं उगी, इसलिए कि समय पर नहीं बोई गई। मुकदमे चलाओ कि जई बोओ। बेटा, अपना काम करो, खेतीबारी को सम्हालो। यदि कोई कष्ट दे तो उसे क्षमा करो, परमात्मा इसी से प्रसन्न रहता है। ऐसा करने पर तुम्हारा अंतःकरण शुद्ध होकर तुम्हें आनन्द प्राप्त होगा।

रहीम कुछ नहीं बोला।

बूढ़ा बेटा, अपने बूढ़े, मूर्ख पिता का कहना मानो। जाओ, कचहरी में जाकर आपस में राजीनामा कर लो। कल शबेरात है, कादिर के घर जाकर नम्रतापूर्वक उसे नेवता दो और घर वालों को भी यही शिक्षा दो कि बैर छोड़कर आपस में प्रेम बढ़ाएँ।

पिता की बातें सुनकर रहीम के मन में विचार हुआ कि पिताजी सच कहते हैं। इस लड़ाई- झगड़े से हम मिट्टी में मिले जाते हैं। लेकिन इस महाभारत को किस प्रकार समाप्त करूं? बूढ़ा उसके मन

की बात जानकर बोला- बेटा, मैं तुम्हारे मन की बात जान गया। लज्जा त्याग जाकर कादिर से मित्रता कर लो। फैलने से पहले ही चिनगारी को बुझा देना उचित है, फैल जाने पर फिर कुछ नहीं बनता।

बूढ़ा कुछ और कहना चाहता था कि स्त्रियां कोलाहल करती हुई भीतर आ गईं, उन्होंने कादिर के दंड का हाल सुन लिया था। हाल में पड़ोसिन से लड़ाई करके आई थीं, आकर कहने लगीं कि कादिर यह भय दिखाता है कि मैंने घूस देकर हाकिम को अपनी ओर फेर लिया है, रहीम का सारा हाल लिखकर महाराज की सेवा में भेजने के लिए विनयपत्र तैयार किया है। देखो, क्या मजा चखाता हूँ। आधी जायदाद न छीन ली तो बात ही क्या है? यह सुनना था कि रहीम के चित्त में फिर आग दहक उठी।

आषाढ़ी बोने की ऋतु थी। करने को काम बहुत था। रहीम भुसौल में गया और पशुओं को भूसा डालकर कुछ काम करने लगा। इस समय वह पिता की बातें और कादिर के साथ लड़ाई सब कुछ भूला हुआ था। रात को घर में आकर आराम करना ही चाहता था कि पास से शब्द सुनाई दिया- वह दुष्ट वध करने ही योग्य है, जीकर क्या बनाएगा। इन शब्दों ने रहीम को पागल बना दिया। वह चुपचाप खड़ा कादिर को गालियां सुनाता रहा। जब वह चुप हो गया, तो वह घर में चला गया।

भीतर आकर देखा कि बहू बैठी ताक रही है, स्त्री भोजन बना रही है, बड़ा लड़का दूध गर्म कर रहा है, मंझला झाड़ू लगा रहा है, छोटा भैंस चराने बाहर जाने को तैयार है। सुख की यह सब सामग्री थी, परन्तु पड़ोसी के साथ लड़ाई का दुःख सहा न जाता था।

वह जला-भुना भीतर आया। उसके कान में पड़ोसी के शब्द गूंज रहे थे, उसने सबसे लड़ना आरम्भ किया। इतने में छोटा लड़का

भैंस चराने बाहर जाने लगा। रहीम भी उसके साथ बाहर चला आया। लड़का तो चल दिया, वह अकेला रह गया। रहीम मन में सोचने लगा कादिर बड़ा दुष्ट है, हवा चल रही है, ऐसा न हो पीछे से आकर मकान में आग लगाकर भाग जाए। क्या अच्छा हो कि जब वह आग लगाने आए, तब उसे मैं पकड़ लूं। बस फिर कभी नहीं बच सकता, अवश्य उसे बन्दीखाने जाना पड़े।

यह विचार करके वह गली में पहुंच गया। सामने उसे कोई चीज़ हिलती दिखाई दी। पहले तो वह समझा कि कादिर है, पर वहां कुछ न था चारों ओर सन्नाटा था।

थोड़ी दूर आगे जाकर देखता क्या है कि पशुशाला के पास एक मनुष्य जलता हुआ फूस का पूला हाथ में लिए खड़ा है। ध्यान से देखने पर मालूम हुआ कि कादिर है। फिर क्या था, जोर से दौड़ा कि उसे जाकर पकड़ ले।

रहीम अभी वहां पहुंचने न पाया था कि छप्पर में आग लगी, उजाला होने पर कादिर प्रत्यक्ष दिखाई देने लगा। रहीम बाज की तरह झपटा, लेकिन कादिर उसकी आहट पाकर चम्पत हो गया।

रहीम उसके पीछे दौड़ा। उसके कुरते का पल्ला हाथ में आया ही था कि वह छुड़ाकर फिर भागा। रहीम धड़ाम से पृथ्वी पर गिर पड़ा, उठकर फिर दौड़ा। इतने में कादिर अपने घर पहुंच गया। रहीम वहां जाकर उसे पकड़ना चाहता था कि उसने ऐसा लट्ठ मारा कि रहीम चक्कर खाकर बेसुध हो धरती पर गिर पड़ा। सुध आने पर उसने देखा कि कादिर वहां नहीं है, फिरकर देखता है तो पशुशाला का छप्पर जल रहा है, ज्वाला प्रचंड हो रही है और लपटें निकल रही हैं।

रहीम सिर पीटकर पुकराने लगा भाइयो, यह क्या हुआ! हाय, मेरा सत्यानाश हो गया! चिल्लाते- चिल्लाते उसका कंठ बैठ गया।

वह दौड़ना चाहता था, परन्तु उसकी टांगें लड़खड़ा गईं। वह धम से धरती पर गिर पड़ा, फिर उठा, घर के पास पहुंचते-पहुंचते आग चारों ओर फैल गई। अब क्या बन सकता है? भय से पड़ोसी भी अपना असबाब बाहर फेंकने लगे। वायु के वेग से कादिर के घर में भी आग जा लगी, यहां तक कि आधा गांव जलकर राख का ढेर हो गया। रहीम और कादिर दोनों का कुछ न बचा। मुर्गियां, हल, गाड़ी, पशु, वस्त्र, अन्न, भूसा आदि सब कुछ स्वाहा हो गया। इतना अच्छा हुआ कि किसी की जान नहीं गई।

आग रात भर जलती रही। वह कुछ असबाब उठाने भीतर गया, परन्तु ज्वाला ऐसी प्रचंड थी कि जा न सका। उसके कपड़े और दाढ़ी के बाल झुलस गए।

प्रातःकाल गांव के चौधरी का बेटा उसके पास आया और बोला रहीम, तुम्हारे पिता की दशा अच्छी नहीं है। वह तुम्हें बुला रहे हैं। रहीम तो पागल हो रहा था, बोला कौन पिता जी?

चौधरी का बेटा- तुम्हारे पिता। इसी आग ने उनका काम तमाम कर दिया है। हम उन्हें यहां से उठाकर अपने घर ले गए थे। अब वह बच नहीं सकते। चलो, अंतिम भेंट कर लो।

रहीम उसके साथ हो लिया। वहां पहुंचने पर चौधरी ने बूढ़े को खबर दी कि रहीम आ गया है।

बूढ़े ने रहीम को अपने निकट बुलाकर कहा- बेटा, मैंने तुमसे क्या कहा था। गांव किसने जलाया?

रहीम कादिर ने। मैंने आप उसे छप्पर में आग लगाते देखा था। यदि मैं उसी समय उसे पकड़कर पूले को पैरों तले मल देता, तो आग कभी न लगती।

बूढ़ा रहीम, मेरा अन्त समय आ गया। तुमको भी एक दिन अवश्य मरना है, पर सच बतलाओ कि दोष किसका है?

रहीम चुप हो गया।

बूढ़ा बताओ, कुछ बोलो तो, फिर यह सब किसकी करतूत है, किसका दोष है?

रहीम (आंखों में आंसू भरकर) मेरा! पिताजी, क्षमा कीजिए, मैं खुदा और आप दोनों का अपराधी हूँ।

बूढ़ा- रहीम!

एक चिनगारी घर को जला देती है।

रहीम हां, पिताजी।

बूढ़ा- जानते हो अब क्या करना उचित है?

रहीम मैं क्या जानूं, मेरा तो अब गांव में रहना कठिन है।

बूढ़ा- यदि तू परमेश्वर की आज्ञा मानेगा तो तुझे कोई कष्ट न होगा। देख, याद रख, अब किसी से न कहना कि आग किसने लगाई थी। जो पुरुष किसी का एक दोष क्षमा करता है, परमात्मा उसके दो दोष क्षमा करता है।

यह कहकर खुदा को याद करते हुए बूढ़े ने प्राण त्याग दिए।

रहीम का क्रोध शांत हो गया। उसने किसी को न बतलाया कि आग किसने लगाई थी। पहलेपहल तो कादिर डरता रहा कि रहीम के चुप रह जाने में भी कोई भेद है, फिर कुछ दिनों पीछे उसे विश्वास हो गया कि रहीम के चित्त में अब कोई वैरभाव नहीं रहा।

बस, फिर क्या था प्रेम में शत्रु भी मित्र हो जाते हैं। वे पासपास घर बनाकर पड़ोसियों की भांति रहने लगे।

रहीम अपने पिता का उपदेश कभी न भूलता था कि फैलने से पहले ही चिनगारी को बुझा देना उचित है। अब यदि कोई कष्ट देता, तो वह बदला लेने की इच्छा नहीं करता। यदि कोई उसे गाली देता, तो सहन करके वह यह उपदेश करता कि कुवचन बोलना अच्छा नहीं। अपने घर के प्राणियों को भी वह यही उपदेश दिया करता। पहले की अपेक्षा अब उसका जीवन बड़े आनन्दपूर्वक कटता है।

एक आदमी को कितनी जमीन चाहिए

एक दिन उर्मिला अपनी छोटी बहन निर्मला से गाँव में मिलने आयी। उर्मिला एक धनी सौदागर को ब्याही थी और निर्मला गाँव में एक गरीब किसान के साथ। भोजन करते समय उनमें यों बातचीत होने लगी!

उर्मिला- निर्मला, मुझे गाँव में रहना पड़े तो जरा भी जी न लगे। देखो, हम नगर में रहकर कैसे सुन्दर वस्त्र पहनती हैं, नाना प्रकार के व्यंजन खाती हैं, नाटक- तमाशे देखती हैं, बाग- बगीचों में सैर करती हैं और सदैव रंगरेलियां मनाती हैं।

निर्मला (अभिमान से) मुझसे कहती हो? मैं तो कभी तुम्हारे साथ अदला- बदली न करूँ। माना कि हम मोटा-झोटा खाते हैं, लेकिन हमें रात-दिन चिंता तो नहीं घेरे रहती। तुम्हें तो सदैव लगी रहती है। हानि-लाभ दो जुड़वां भाई हैं। जो आज राजा है, वही कल कंगाल है। यहाँ तो सदैव एक-रस रहते हैं। किसान धनवान नहीं बन सकते, लेकिन अन्न- वस्त्र की तो उनको कमी हो ही नहीं सकती।

उर्मिला- अन्न की एक ही कही। तुम तो पशु हो। रीति-नीति, आचार-व्यवहार क्या जानो? कितना ही मरो खपो, तुम और तुम्हारी सन्तान एक दिन इसी खाद के ढेर पर प्राण त्याग कर देगी और बस।

निर्मला- इससे क्या! मरना तो एक दिन सभी को है। खेती का काम कठिन है, पर हमें किसी का भय नहीं, न किसी को मस्तक झुकाना पड़ता है। नगर में रहते हुए मनुष्य का चित्त चंचल रहता है। क्या जाने, कल तुम्हारा पति मद्य-सेवी बनकर जुआरी और वेश्यागामी हो जाए। ऐसी बातें आये दिन सुनने में आया करती है।

मथुरा चारपाई पर पड़ा हुआ यह बातें सुन रहा था। मन में सोचने लगा, मेरी स्त्री कहती तो सच है। हम बालपन से ही खेतों के काम में लगे रहते हैं कि हमें कुकर्म करने का ध्यान तक नहीं आता, पर दुःख यही है कि हमारे पास कुछ नहीं। हमारे पास खेत नहीं हैं। यदि मेरे पास धरती काफी हो जाए तो फिर चाँदी है।

संयोग से अधर्म भी वहाँ बैठा यह बातें सुन रहा था। मथुरा में धरती की लालसा उत्पन्न होते देखकर प्रसन्न हो कहने लगा कि इसी तृष्णा के वश एक दिन इसका सर्वनाश करूंगा।

2

इस गाँव के समीप एक जमींदारिन रहती थी, जिसके पास दो सौ बीघे भूमि थी। उसने एक बूढ़ा सिपाही कारिन्दा रख छोड़ा था। वह कारिन्दा असामियों को बड़ा दुःख देता था। मथुरा अपने पशुओं को संभाल संभालकर रखता था, पर कभी-कभी वे उसके खेत-खलिहान में चले ही जाते थे। कई बार उसकी और कारिंदे की लड़ाई हुई। मथुरा अत्यन्त दुःखी हो गया था।

कुछ दिन उपरान्त यह चर्चा फैली कि बुढ़िया अपनी रियासत बेचती है और गाँव का बनिया उसे मोल लेने को तैयार है। गाँव वाले डरे कि यदि बनिया मालिक बन गया, तो उसके सिपाही कारिंदे से भी अधिक दुःख देंगे। उचित यह है कि सब मिलकर रियासत खरीद लें, परन्तु अधर्म ने उनमें ऐसी फूट डाली कि वे लोग कोई निश्चय न कर सके। तब उन्होंने फैसला किया कि लोग अपने- अपने नाम से भूमि खरीदें। बुढ़िया इस पर भी राजी हो गई। एक किसान ने पचास बीघा धरती बुढ़िया से इस शर्त पर मोल ली कि आधा दाम तुरन्त दूँगा और आधा एक वर्ष पीछे।

यह सुनकर मथुरा के मन में भी ईर्षया उत्पन्न हुई। उसने विचारा कि कुछ भी हो, चालीस बीघा धरती अवश्य मोल लेनी चाहिए। सौ रुपये घर में जमा थे, बाकी कुछ अनाज और बैल बेचकर चालीस बीघा धरती खरीद ही ली। आधा दाम पहले दे दिया, आधा दो वर्ष पीछे चुका देने का वचन दिया।

मथुरा बड़ा पुरुषार्थी था। खूब मेहनत से खेत जोते- बोए। फसल अच्छी लगी। दो वर्ष के भीतर ऋण चुक गया। अब वह अपने खेतों, पशुओं, भूसे, खलिहान, चरांद को देखकर फूला न समाता। यह खेत वहाँ पहले भी थे और मथुरा उन्हें नित्य देखा भी करता था, परन्तु ममत्व हो जाने के कारण उनको देखने में अब कुछ और ही आनन्द मिलता था।

3

अब मथुरा के पास अपनी जमीन थी और उसके दिन सुख के कट सकते थे परन्तु पड़ोसी बड़ा दुःख देने लगे। कभी कोई खेत में बैल छोड़ देता, कभी गाँव के बालक चरांद में डंगर चराने लगते। पहले-

पहले तो वह सब सहन करता रहा, पर कहाँ तक करे? उसने विचारा कि यदि इस प्रकार चुप लगाए रहूँगा तो यह चैन न लेने देंगे। आखिर उसने नालिश करके कई मनुष्यों पर दंड लगवा दिया। लोग इससे जलकर और भी दुःख देने लगे एक रात दयाराम ने मथुरा की धरती में से सारे वृक्ष काट डाले उसने प्रातःकाल जाकर देखा तो सारे वृक्ष कटे पड़े हैं। आग हो गया। सोचने लगा, यह किसकी शरारत है? कोई एक-आध वृक्ष काट लेता तो खैर कुछ बात न थी, पर इस चांडाल ने तो एक भी वृक्ष न छोड़ा। हो न हो, यह उपद्रव तो दयाराम ने किया है। बस, क्रोध से भरा हुआ वह दयाराम के घर पहुँचा और बोला- तुमने वृक्ष क्यों काटे? दयाराम लड़ने-मरने पर तैयार हो गया- कैसे वृक्ष? किसने काटे? जाओ, नहीं तो अभी सिर फोड़ देता हूँ। मथुरा भला यह बातें कब तक सह सकता था? तुरन्त कचहरी में पहुँचा और नालिश ठोंक दी। फैसला होने पर दयाराम कोरा बच गया। वृक्ष काटने का कोई साक्षी न था। मथुरा जल-भुनकर हाकिमों को गालियाँ देने लगा कि तुम चोरों को छोड़ देते हो, तुम स्वयं चोर हो इत्यादि। तात्पर्य यह है कि अब कोई दिन ऐसा न था कि पड़ोसियों से उसका लड़ाई- झगड़ा न हो। पहले जब घर की एक बिस्वा धरती पास न थी, तो वह बड़ा सुखी था। अब नित्य क्लेश रहता था कुछ समझ में न आता था कि क्या करूँ।

इन्हीं दिनों गाँव में यह चर्चा हुई कि लोग घर बार छोड़कर किसी नये देश में जाने का विचार कर रहे हैं। मथुरा बड़ा प्रसन्न हुआ कि उजाड़ हो जाने पर बहुत- सी धरती मिल जाएगी, आनन्दपूर्वक दिन काटूंगा।

एक दिन के घर में एक अतिथि आया। मथुरा ने उसका बड़ा आदर- सत्कार किया। रात्रि को भोजन करते समय अतिथि बोला कि सरकार ने पंजाब में एक नई बस्ती बसाई है। मनुष्य पीछे पच्चीस

बीघा जमीन मिलती है। जमीन बड़ी सुन्दर है। अभी एक मनुष्य खाली हाथ वहाँ आया था, दो वर्ष के अन्दर मालामाल हो गया।

यह सुनकर मथुरा को तृष्णा ने आ घेरा। कहने लगा मैं इस अंधकूप में क्यों सड़ूँ। घर-बार बेचकर उस नई बस्ती में ही क्यों न चला जाऊँ? यहाँ तो पड़ोसियों ने विपत्ति में जान डाल रखी है। परन्तु पहले जाकर देख आऊँ।

उन दिनों रेल न थी। तीन सौ मील पैदल चलने का कष्ट उठाकर वहाँ पहुँचा। देखा कि अतिथि सच कहता था। मनुष्य पीछे पच्चीस बीघा जमीन मिली हुई है। यदि कोई चाहे तो एक रुपया बीघा पर अधिक धरती भी मोल ले सकता है।

बस फिर क्या था, देख- भाल करके तुरन्त घर को लौट आया और धरती, मकान, पशु आदि सब बेचकर नवीन बस्ती को चल दिया। हाय तृष्णा।

4

मथुरा कुटुम्ब सहित नई बस्ती में पहुँचा और चौधरियों से मित्रता करके एक सौ पैंतीस बीघा धरती ले ली और मकान बनाकर वहाँ निवास करने लगा।

इस बस्ती में यह रीति थी कि एक ही खेत में लगातार दो वर्ष बाहने- बोने के पीछे धरती को छोड़ना पड़ता था कि ताकि धरती निकम्मी न होने पावे। लोभ पाप का मूल है। पहले-पहले तो मथुरा आनन्द- सहित अपना काम करता रहा, परन्तु अब उसके ध्यान में 135 बीघा धरती भी थोड़ी थी। उसकी लालसा तो यह थी कि सारी धरती में गेहूँ बोए। धरती परती छोड़े तो कहाँ से छोड़े? फिर उसने

देखा कि बहुत लोग पंचायत से अलग जमीन लेकर खेती करके धन- संचय करने लगे हैं। अतएव वह सदा चिंताग्रस्त रहने लगा।

फल यह हुआ कि वह दूसरों के खेत बटाई पर खेती करने लगा। यद्यपि बहुत- सा धन एकत्र कर चुका था, तिस पर तृष्णा बढ़ती ही जाती थी। तीसरे वर्ष ठीक फसल के समय जब बटाई वाली धरती में गेहूँ पके खड़े थे, तो मालिक ने अपनी धरती छुड़ा ली। फिर तो मथुरा के क्लेश की कोई सीमा रही। कहने लगा कि यदि आज यह धरती मेरी अपनी होती, तो क्या ऐसा हो सकता था।

दूसरे दिन मालूम हुआ कि पड़ोसी अपनी तेरह सौ बीघा धरती पंद्रह सौ रुपये में बेचता है। सौदा पक्का हो रहा था कि अकस्मात् एक अतिथि आ पहुँचा।

अतिथि- (मथुरा से) तुम बड़े ही मूर्ख हो कि पंद्रह सौ रुपये में तेरह सौ बीघा धरती मोल लेते हो। देश में क्यों नहीं चले जाते? वहाँ धरती बड़ी सस्ती हैं। मैंने वहाँ एक हजार रुपये में तेरह हजार बीघा धरती मोल ली है। वहाँ का राजा बड़ा सीधा-सादा है। बस वहाँ जाकर उसे प्रसन्न कर लो, जितनी धरती चाहोगे, मिल जाएगी।

मथुरा ने उसका कहना मान लिया और इस बस्ती में धरती लेने का विचार छोड़ दिया।

5

दूसरे दिन मथुरा कुटुम्ब को बस्ती में छोड़कर एक नौकर साथ ले, एक हजार रुपये पल्ले बाँध, गुजरात को चल दिया। पाँच सौ मील चलने पर वहाँ पहुँचकर उसने देखा कि सब लोग डेरों में रहते हैं, न कोई धरती बोता है, न अन्न खाता है। गाय, भैंस, घोड़े इत्यादि तराई में चरते-फिरते हैं। स्त्रियाँ दूध दुहकर मक्खन आदि बना लेती

हैं, यही उनकी जीविका है। सब लोग हँसते-खेलते, गाते-बजाते, आनन्द सहित काल व्यतीत कर रहे हैं। कोई झगड़ा है, न लड़ाई। सब- के- सब अनपढ़ और मूर्ख है। परन्तु कपट का नाम नहीं।

मथुरा को देखकर वे लोग बड़े आनन्दित हुए और बड़ी आवभगत से उसे एक डेरे में ले गए। मथुरा ने उन्हें कुछ पदार्थ भेंट किए।

लोग (भेंट लेकर) महाशय, यहाँ की रीति है कि जो कोई हमें भेंट देता है, उसके बदले में हम उसे कुछ अवश्य देते हैं, इस कारण आप बतलाइए कि आप क्या चाहते हैं।

मथुरा- मुझे केवल धरती की अभिलाषा है। हमारे देश में बस्ती बढ़ जाने के कारण माता ने फल देना छोड़ दिया है। तुम्हारी धरती अच्छी मालूम होती है।

लोग- (हँसकर) हाँ- हाँ! यह बात तो नहीं। धरती जितनी चाहो ले लो, परन्तु हम अपने राजा से पूछ लें।

6

इतने में राजा भी वहाँ आ गया।

यह बातें सुनकर मथुरा से कहने लगा- हाँ, जितनी भूमि चाहो ले लो।

मथुरा- मैं आपको धन्यवाद देता हूँ, मुझे बहुत नहीं चाहिए। हाँ, इतनी बात है कि धरती नाप कर पट्टा लिख दीजिए। मरना-जीना बना हुआ है, लिखा- पढी बिना सौदा ठीक नहीं होता। आज आप दे दें, कल स्यात् आपकी संतान मुझसे धरती छीन ले तो क्या बना लूँगा।

राजा- बहुत ठीक, धरती नाप कर पट्टा लिख देंगे।

मथुरा दाम क्या होंगे।

राजा- हम एक बात जानते हैं, दूसरी नहीं। बस एक दिन की एक सहस्र मुद्रा लेते हैं।

मथुरा- एक दिन का क्या हिसाब है, मैंने नहीं समझा।

राजा- भाई साहब, बीघा सीधा हम कुछ नहीं जानते, हम तो एक- दिन की एक सहस्र मुद्रा लेते हैं। सूर्योदय से सूर्यास्त तक जितना चक्कर कोई मनुष्य काट लें, उतनी ही धरती उसकी हो जाती है।

मथुरा- एक दिन में तो मनुष्य बड़ा भारी चक्कर काट सकता है।

राजा- हाँ, तो क्या हुआ। परन्तु एक बात यह है कि जहाँ से चलोगे, सूर्यास्त से पहले- पहले तुम्हें वहाँ आना पड़ेगा।

मथुरा- भला चक्कर का चिह्न कौन लगाएगा?

राजा- तुम एक कुदाल ले जाना और गढ़े देते जाना, परन्तु यह याद रहे कि जहाँ से चलो सूर्यास्त से पहले वहीं आ जाना। मथुरा बहुत अच्छा।

यह बातें सुनकर मथुरा अत्यन्त प्रसन्न हुआ।

निन्द्रा कहाँ? मथुरा रात-भर इसी सोच-विचार में रहा कि मैं पैंतीस मील का चक्कर सहज में काट सकता हूँ। ओ हो, पैंतीस मील। फिर तो मैं बड़ा इलाकेदार बन जाऊँगा। सौभाग्य से दिन भी बड़े हैं। पैंतीस मील धरती बहुत होती है। घटिया धरती बेच डालूँगा, अच्छे-अच्छे खेत आप रख लूँगा।

दिन निकलने से पहले मथुरा की एक क्षण के लिए आँखें झपक गई। क्या स्वप्न देखता है कि गुजरात देश का राजा सम्मुख खड़ा हँस रहा है। पास जाकर हँसने का कारण पूछा तो जान पड़ा कि राजा नहीं, वह तो गुजरात देश का सूचना देने वाला अतिथि है। तुम कहाँ! पर मालूम हुआ, वह तो नवीन बस्ती की बात बतलाने वाला बटुक है। समीप जाकर देखने लगा तो बटुक कहाँ! वहाँ तो साक्षात् अधर्मराज मुँह बाये खड़े हैं और उनके पैरों नीचे धोती-कुरता पहने एक पुरुष चित्त मरा पड़ा है। झुककर देखा तो मथुरा। वह भयभीत होकर उठ बैठा। ओ हो, स्वप्न में भी क्या-क्या भयंकर दृश्य दिखाई पड़ते हैं। सूर्य उगते ही वह राजा सहित जंगल को चल दिया।

7

जंगल में पहुँचकर राजा ने कहा कि जहाँ तक दृष्टि जाती है, हमारा ही देश है। कहीं से चक्कर काटना आरम्भ कर दो। देखो, मैं यह छड़ी रख देता हूँ। बस, सूर्यास्त से पहले यहाँ आ जाना। मथुरा छड़ी पर एक हजार रुपये रखकर, रोटी पल्ले बाँध, छड़ी हाथ में ले, चक्कर काटने लगा। तीन मील चलने पर एक पहर दिन चढ़ आया। उसे गरमी सताने लगी।

मथुरा ने मन में कहा, दिन में चार पहर होते है, अभी तो तीन पहर शेष है। अभी लौटना उचित नहीं। जूते उतार डालूँ, नंगे पैर चलने में सुभीता होगा। तीन मील और जाकर बी और फिर जाऊँगा। अहा हा! यह टुकड़ा तो बहुत ही अच्छा है, भला यह कहीं छोड़ने योग्य है! यहाँ तो ज्यों-ज्यों आगे बढ़ता हूँ, अच्छी ही अच्छी धरती आती जाती है। (फिर कर) ओ हो! राजा आदि तो कोई दिखाई नहीं पड़ता, शायद दूर निकल आया। अब लौटना चाहिए। गरमी बढ़ गई है। प्यास से गला सूखा जाता है। उसके बायीं ओर

लौटते- लौटते दोपहर हो गई, तब वह जरा दम, लेने को बैठ गया। रोटी निकालकर खायी, पानी पिया और फिर चल खड़ा हुआ। सूर्य का तेज सहा न जाता था। गरमी इतनी थी कि शरीर झुलसा जाता था। परन्तु तृष्णा का भूत सिर पर सवार था। करे तो क्या करे। कहने लगा, क्या चिन्ता है। अभी दुःख फिर सुख चलो। चलते-चलते दूर निकल गया, तब उसे ध्यान आया, यह तो बुरा हुआ। मैंने बड़ी चूक की, अब यदि पूरा घेरा देकर धरती को ठीक चौकोर बनाऊंगा तो सूर्यास्त से पहले छड़ी तक पहुँचना असम्भव है। अच्छा तिकोना ही रहने दो। यहीं से लौट चलो। ऐसा न हो कि सूर्य अस्त हो जाए और मैं बीच में ही रह जाऊँ।

8

मथुरा नाक की सीध में छड़ी की ओर चलने लगा। गरमी के मारे उसका मुँह सूख गया, शरीर जल उठा, पाँव घायल हो गए, टांगे थक गई। ठहरे कैसे? सूर्य उसका चाकर तो था नहीं कि उसके लिए खड़ा रह जाता।

सोचने लगा हाय-हाय! यह मैंने क्या किया? मुझे क्या लालच ने मार गिराया। सूर्य डुबने आया, छड़ी का अभी तक कहीं पता ही नहीं, करूँ तो क्या करूँ। हे भगवान।

अब साफा सिर से फेंक, लाठी छोड़कर वह दौड़ने लगा।

दौड़ते-दौड़ते छाती लोहार की धौकनी बन गई। उसका हृदय धड़कने लगा। वह सिर से पैरों तक पसीने में डूब गया। उसकी टांगे लड़खड़ा गई। उसने समझा कि अब प्राण गये। चिल्ला पड़ा हाय, सारी के लालच में आधी भी खो बैठा। परन्तु इतना कष्ट उठाकर यदि ठहर जाऊँगा, तो लोग मुझे महामूर्ख समझेंगे। दौड़ो, जैसे बन सके, छड़ी पर पहुँचो।

इतने में उसे विराट देशवासियों का शब्द सुनायी देने लगा। सूर्य डूबने को हुआ, लाली छा गई। छड़ी सामने दिखाई देने लगी, पास राजा बैठा है, छड़ी पर एक सहस्र मुद्रा पड़ी हुई है। उसे रात्रि वाला स्वप्न स्मरण हुआ। निराश होकर बोला धरती तो मिल गई, परन्तु क्या मैं छड़ी तक पहुँच सकता हूँ?

इतने में सूर्य अस्त हो गया। टीले पर वे किस प्रकार पहुँचे? वह चिल्ला उठा- हाय-हाय। मेरा सारा परिश्रम निष्फल हुआ, सूर्य अस्त हो गया।

लोग टीले पर बैठे पुकारने लगे नहीं-नहीं सूर्य अभी अस्त नहीं हुआ, दौड़ो।

वह जी तोड़कर दौड़ा और अन्त में टीले पर चढ़ गया। देखा कि छड़ी पड़ी है, राजा पास बैठा हँस रहा है। फिर स्वप्न याद आया, उसकी टाँगे काँप गई। वह मुँह के बल पृथ्वी पर गिर पड़ा। गिरते हुए उसका हाथ छड़ी को जा लगा। राजा बोला उद्यमी है, इसने कितनी धरती पर अधिकार जमा लिया। नौकर जाकर उठाने लगा तो देखा कि मथुरा के मुख से रुधिर की धारा बह रही है और वह मरा पड़ा है।

फिर क्या था, सबने वहीं जंगल से लकड़ियाँ एकत्र करके उसका दाह-कर्म किया और सबको विदित हो गया कि उसे केवल डेढ़ गज भूमि की आवश्यकता थी।

क्षमादान

दिल्ली नगर में भागीरथ नाम का युवक सौदागर रहता था। वहाँ उसकी अपनी दो दुकानें और एक रहने का मकान था। वह सुंदर था। उसके बाल कोमल, चमकीले और घुँघराले थे। वह हँसोड़ और गाने का बड़ा प्रेमी था। युवावस्था में उसे मद्य पीने की आदत पड़ गई थी। अधिक पी जाने पर कभी कभी हल्ला भी मचाया करता था, परंतु विवाह कर लेने पर मद्य पीना छोड़ दिया था।

गर्मी में एक समय वह कुंभ पर गंगा जाने को तैयार हो, अपने बच्चों और स्त्री से विदा माँगने आया।

स्त्री- प्राणनाथ, आज न जाइए, मैंने बुरा सपना देखा है।

भागीरथ- प्रिये, तुम्हें भय है कि मैं मेले में जाकर तुम्हें भूल जाऊँगा?

स्त्री- यह तो मैं नहीं जानती कि मैं क्यों डरती हूँ, केवल इतना जानती हूँ कि मैंने बुरा स्वप्न देखा है। मैंने देखा है कि जब तुम घर लौटे हो तो तुम्हारे बाल श्वेत हो गए हैं।

भागीरथ यह तो सगुन है। देख लेना मैं सारा माल बेच, मेले से तुम्हारे लिए अच्छी-अच्छी चीजें लाऊँगा।

यह कह गाड़ी पर बैठ, वह चल दिया। आधी दूर जाकर उसे एक सौदागर मिला, जिससे उसकी जान पहचान थी। वे दोनों रात को एक ही सराय में ठहरे। संध्या समय भोजन कर पास की कोठरियों में सो गए।

भागीरथ को सबेरे जाग उठने का अभ्यास था। उसने यह विचार करके कि ठंडे ठंडे राह चलना सुगम होगा, मुँह अँधेरे उठ, गाड़ी तैयार कराई और भटियारे के दाम चुका कर चलता बना। पच्चीस कोस जाने पर घोड़ों को आराम देने के लिए एक सराय में ठहरा और आँगन में बैठकर सितार बजाने लगा।

अचानक एक गाड़ी आई पुलिस का एक कर्मचारी और दो सिपाही उतरे। कर्मचारी उसके समीप आ कर पूछने लगा कि तुम कौन हो और कहाँ से आए हो? वह सब कुछ बतला कर बोला कि आइए, भोजन कीजिए। परंतु कर्मचारी बार-बार यही पूछता था कि तुम रात को कहाँ ठहरे थे? अकेले थे या कोई साथ था? तुमने साथी को आज सवेरे देखा या नहीं। तुम मुँह अँधेरे क्यों चले आए?

भागीरथ को अचंभा हुआ कि बात क्या है? यह प्रश्न क्यों पूछे जा रहे हैं? बोला- आप तो मुझसे इस भाँति पूछते हैं, जैसे मैं कोई चोर या डाकू हूँ। मैं तो गंगास्नान करने जा रहा हूँ। आपको मुझसे क्या मतलब है?

कर्मचारी- मैं इस प्रांत का पुलिस अफसर हूँ, और यह प्रश्न इसलिए करता हूँ कि जिस सौदागर के साथ तुम कल रात सराय में सोए थे, वह मार डाला गया। हम तुम्हारी तलाशी लेने आए हैं।

यह कह वह उसके असबाब की तलाशी लेने लगा। एकाएक थैले में से एक छुरा निकला, वह खून से भरा हुआ था। यह देखकर भागीरथ डर गया।

कर्मचारी- यह पुरा किसका है? इस पर खून कहाँ से लगा?

भागीरथ चुप रह गया, उसका कंठ रुक गया। हिचकता हुआ कहने लगा- मेरा नहीं है। मैं नहीं जानता।

कर्मचारी- आज सवेरे हमने देखा कि वह सौदागर गला कटे चारपाई पर पड़ा है। कोठरी अंदर से बंद थी, सिवाय तुम्हारे भीतर कोई न था। अब यह खून से भरा हुआ छुरा इस थैले में से निकला है। तुम्हारा मुख ही गवाही दे रहा है। बस, तुमने ही उसे मारा है। बतलाओ, किस तरह मारा और कितने रुपये चुराए हैं?

भागीरथ ने सौगंध खाकर कहा- मैंने सौदागर को नहीं मारा। भोजन करने के पीछे फिर मैंने उसे नहीं देखा। मेरे पास अपने आठ हजार रुपये हैं। यह छुरा मेरा नहीं।

परंतु उसकी बातें उखड़ी हुई थीं, मुख पीला पड़ गया था और वह पापी की भाँति भय से काँप रहा था।

पुलिस अफसर ने सिपाहियों को हुक्म दिया कि इसकी मुस्कें कसकर गाड़ी में डाल दो। जब सिपाहियों ने उसकी मुस्कें कीं, तो वह रोने लगा। अफसर ने पास के थाने पर ले जाकर उसका रुपया पैसा छीन, उसे हवालात में दे दिया।

इसके बाद दिल्ली में उसके चाल-चलन की जाँच की गई। सब लोगों ने यही कहा कि पहले वह मद्य पीकर बकझक किया करता था, पर अब उसका आचार बहुत अच्छा है। अदालत में तहकीकात होने पर उसे रामपुर निवासी सौदागर का वध करने और बीस हजार रुपये चुरा लेने का अपराधी ठहराया गया।

भागीरथ की स्त्री को इस बात पर विश्वास न होता था। उसके बालक छोटे-छोटे थे। एक अभी दूध पीता था। वह सबको साथ लेकर पति के पास पहुँची। पहले तो कर्मचारियों ने उसे उससे मिलने की आज्ञा न दी, परंतु बहुत विनय करने पर आज्ञा मिल गई। और पहरे वाले उसे कैद घर में ले गए। ज्यों ही उसने अपने पति को बेड़ी पहने हुए चोरों और डाकुओं के बीच में बैठा देखा, वह बेसुध होकर धरती पर गिर पड़ी। बहुत देर में सुध आई। वह बच्चों सहित पति के निकट बैठ गई और घर का हाल कह कर पूछने लगी कि यह क्या बात है? भागीरथ ने सारा वृतांत कह सुनाया।

स्त्री- तो अब क्या हो सकता है?

भागीरथ- हमें महाराज से विनय करनी चाहिए कि वह निरपराधी को जान से न मारें।

स्त्री- मैंने महाराज से विनय की थी, परंतु वह स्वीकार नहीं हुई।

भागीरथ ने निराश होकर सिर झुका लिया।

स्त्री- देखा, मेरा सपना कैसा सच निकला! तुम्हें याद है न, मैंने तुमको उस दिन मेले जाने से रोका था। तुम्हें उस दिन न चलना चाहिए था, लेकिन मेरी बात न मानी। सच सच बताओ, तुमने तो उस सौदागर को नहीं मारा न?

भागीरथ- क्या तुम्हें भी मेरे ऊपर संदेह है?

यह कह कर वह मुँह ढाँप रोने लगा। इतने में सिपाही ने आकर स्त्री को वहाँ से हटा दिया और भागीरथ सदैव के लिए अपने परिवार से विदा हो गया।

घर वालों के चले जाने पर जब भागीरथ ने यह विचारा कि मेरी स्त्री भी मुझे अपराधी समझती है तो मन में कहा- बस, मालूम हो गया, परमात्मा के बिना और कोई नहीं जान सकता कि मैं पापी हूँ या नहीं। उसी से दया की आशा रखनी चाहिए। फिर उसने छूटने का कोई यत्न नहीं किया। चारों ओर से निराश हो कर ईश्वर के ही भरोसे बैठा रहा।

भागीरथ को पहले तो कोड़े मारे गए। जब घाव भर गए तो उसे लोहग बंदीखाने में भेज दिया गया।

वह छब्बीस वर्ष बंदीखाने में पड़ा रहा। उसके बाल पककर सन के से हो गए, कमर मोटी हो गई, देह घुल गई, सदैव उदास रहता। न कभी हँसता, न बोलता, परंतु भगवान का भजन नित्य किया करता था।

वहाँ उसने दरी बुनने का काम सीखकर कुछ रुपया जमा किया और भक्तमाल मोल ले ली। दिन भर काम करने के बाद साँझ को जब तक सूरज का प्रकाश रहता, वह पुस्तक का पाठ करता और इतवार के दिन बंदीखाने के निकट वाले मंदिर में जाकर पूजापाठ भी कर लेता था। जेल के कर्मचारी उसे सुशील जानकर उसका मान करते थे। कैदी लोग उसे बूढ़े बाबा अथवा महात्मा कहकर पुकारा करते थे। कैदियों को जब कभी कोई अर्जी भेजनी होती, तो वे उसे अपना मुखिया बनाते और अपने झगड़े भी उसी से चुकाया करते।

उसे घर का कोई समाचार न मिलता था। उसे यह भी न मालूम था कि स्त्री- बालक जीते हैं या मर गए।

एक दिन कुछ नए कैदी आए। संध्या समय पुराने कैदी उनके पास आकर पूछने लगे कि भाई, तुम कहाँ से आए हो और तुमने क्या क्या अपराध किए हैं? भागीरथ उदास बैठा सुनता रहा। नए

कैदियों में एक साठ वर्ष का हट्टा- कट्टा आदमी, जिसके दाढ़ी- बाल खूब छंटे हुए थे, अपनी रामकहानी यों सुना रहा था!

"भाइयो, मेरे मित्र का घोड़ा एक पेड़ से बंधा हुआ था। मुझे घर जाने की जल्दी पड़ी हुई थी। मैं उस घोड़े पर सवार होकर चला गया। वहाँ जाकर मैंने घोड़ा छोड़ दिया। मित्र कहीं चला गया था। पुलिस वालों ने चोर ठहराकर मुझे पकड़ लिया। यद्यपि कोई यह नहीं बतला सका कि मैंने किसका घोड़ा चुराया और कहाँ से, फिर भी चोरी के अपराध में मुझे यहाँ भेज दिया है। इससे पहले एक बार मैंने ऐसा अपराध किया था कि मैं लोहग में भेजे जाने लायक था, परंतु मुझे उस समय कोई नहीं पकड़ सका। अब बिना अपराध ही यहाँ भेज दिया गया हूँ।"

एक कैदी- तुम कहाँ से आए हो?

नया कैदी- दिल्ली से। मेरा नाम बलदेव सिंह है।

भागीरथ- भला बलदेव सिंह, तुम्हें भागीरथ के घर वालों का कुछ हाल मालूम है, जीते हैं कि मर गए?

बलदेव- जानना क्या? मैं उन्हें भलीभाँति जानता हूँ। अच्छे मालदार हैं। हाँ उनका पिता यहीं कहीं कैद है। मेरे ही जैसा अपराध उनका भी था। बूढ़े बाबा, तुम यहाँ कैसे आए?

भगीरथ अपनी विपत्ति- कथा न कही। केवल हाय कहकर बोला- मैं अपने पापों के कारण छब्बीस वर्ष से यहाँ पड़ा सड़ रहा हूँ।

बलदेव- क्या पाप, मैं भी सुनूं?

भागीरथ भाई, जाने दो, पापों का फल अवश्य भोगना पड़ता है।

वह और कुछ न कहना चाहता था, परंतु दूसरे कैदियों ने बलदेव को सारा हाल कह सुनाया कि वह एक सौदागर का वध करने के

अपराध में यहाँ कैद है। बलदेव ने यह हाल सुना तो भागीरथ को ध्यान से देखने लगा। घुटने पर हाथ मारकर बोला- वाह वाह, बड़ा अचरज है! लेकिन दादा, तुम तो बिल्कुल बूढ़े हो गए।

दूसरे कैदी बलदेव से पूछने लगे कि तुम भागीरथ को देखकर चकित क्यों हुए, तुमने क्या पहले कहीं उसे देखा है? परंतु बलदेव ने उत्तर नहीं दिया।

भागीरथ के चित्त में यह संशय उत्पन्न हुआ कि शायद बलदेव रामपुरी सौदागर के असली मारने वाले को जानता है। बोला- बलदेव सिंह, क्या तुमने यह बात सुनी है और मुझे भी पहले कहीं देखा है।

बलदेव- वह बातें तो सारे संसार में फैल रही हैं। मैं किस तरह न सुनता। बहुत दिन बीत गए, मुझे कुछ याद नहीं रहा।

भागीरथ- तुम्हें मालूम है कि उस सौदागर को किसने मारा था?

बलदेव- (हँसकर) जिसके थैले में छुरा निकला, वही उसका मारने वाला। यदि किसी ने थैले में छुरा छिपा भी दिया हो, तो जब तक कोई पकड़ा न जाए, उसे चोर कौन कह सकता है? थैला तुम्हारे सिरहाने धरा था। यदि कोई दूसरा पास आकर छुरा थैले में छिपाता तो तुम अवश्य जाग उठते।

यह बातें सुनकर भागीरथ को निश्चय हो गया कि सौदागर को इसी ने मारा है। वह उठकर वहाँ से चल दिया, पर सारी रात जागता रहा। दुःख से उसका चित्त व्याकुल हो रहा था। उसे अनेक प्रकार की बातें याद आने लगीं। पहले स्त्री की उस समय की सूरत दिखाई दी जब वह उसे मेले जाने को मना कर रही थी। सामने ऐसा जान पड़ा कि वह खड़ी है। उसकी बोली और हँसी तक सुनाई दी। फिर बालक दिखाई पड़े, फिर युवावस्था की याद आई, कितना प्रसन्नचित्त

था, कैसा आनंद से द्वार पर बैठा सितार बजाया करता था। फिर वह सराय दिखाई दी, जहाँ वह पकड़ा गया था। तब वह जगह सामने आई, जहाँ उस पर कोड़े लगे थे। फिर बेड़ी और बंदीखाना, फिर बुढ़ापा और छब्बीस वर्ष का दुःख। यह सब बातें उसकी आँखों में फिरने लगीं। वह इतना दुःखी हुआ कि जी में आया कि अभी प्राण दे दूँ।

"हाय, इस बलदेव चंडाल ने यह क्या किया! मैं तो अपना सर्वनाश करके भी इससे बदला अवश्य लूँगा।"

सारी रात भजन करने पर भी उसे शांति नहीं हुई। दिन में उसने बलदेव को देखा तक नहीं। पंद्रह दिन बीत गए, भागीरथ की यह दशा थी कि न रात को नींद, न दिन को चैन। क्रोधाग्नि में जल रहा था।

एक रात वह जेलखाने में टहल रहा था कि उसने कैदियों के सोने के चबूतरे के नीचे से मिट्टी गिरते देखी। वह वहीं ठहर गया कि देखूँ मिट्टी कहाँ से आ रही है। सहसा बलदेव चबूतरे के नीचे से निकल आया और भय से काँपने लगा। भागीरथ आँखें मूंदकर आगे जाना चाहता था कि बलदेव ने उसका हाथ पकड़ लिया और बोला- देखो, मैंने जूतों में मिट्टी भर के बाहर फेंककर यह सुरंग लगाई है, चुप रहना। मैं तुमको यहाँ से भगा देता हूँ। यदि शोर करोगे तो जेल के अफसर मुझे जान से मार डालेंगे, परंतु याद रखो कि तुम्हें मारकर मरूँगा, यों नहीं मरता।

भागीरथ अपने शत्रु को देखकर क्रोध से काँप उठा और हाथ छुड़ाकर बोला- मुझे भागने की इच्छा नहीं, और मुझे मारे तो तुम्हें छब्बीस वर्ष हो चुके। रही यह हाल प्रकट करने की बात, जैसी परमात्मा की आज्ञा होगी, वैसा होगा।

अगले दिन जब कैदी बाहर काम करने गए तो पहरे वालों ने सुरंग की मिट्टी बाहर पड़ी देख ली। खोज लगाने पर सुरंग का पता चल गया। हाकिम सब कैदियों से पूछने लगे। किसी ने न बतलाया, क्योंकि वे जानते थे कि यदि बतला दिया तो बलदेव मारा जाएगा। अफसर भागीरथ को सत्यवादी जानते थे, उससे पूछने लगे बूढ़े बाबा, तुम सच्चे आदमी हो सच बताओ कि यह सुरंग किसने लगाई है?

बलदेव पास ही ऐसे खड़ा था कि कुछ जानता ही नहीं। भागीरथ के होंठ और हाथ काँप रहे थे। चुपचाप विचार करने लगा कि जिसने मेरा सारा जीवन नाश कर दिया, उसे क्यों छिपाऊँ? दुःख का बदला दुःख उसे अवश्य भोगना चाहिए, परंतु बतला देने पर फिर वह बच नहीं सकता। शायद यह सब मेरा भरम मात्र हो, सौदागर को किसी और ने ही मारा हो। यदि इसने ही मारा तो इसे मरवा देने से मुझे क्या लाभ होगा?

अफसर- बाबा, चुप क्यों हो गए? बतलाते क्यों नहीं?

भागीरथ- मैं कुछ नहीं बतला सकता, आप जो चाहें सो करें।

हाकिम ने बार-बार पूछा, परंतु भागीरथ ने कुछ भी नहीं बतलाया। बात टल गई।

उसी रात भागीरथ जब अपनी कोठरी में लेटा हुआ था, बलदेव चुपके से भीतर आकर बैठ गया। भागीरथ ने देखा और कहा- बलदेव सिंह, अब और क्या चाहते हो? यहाँ तुम क्यों आए?

बलदेव चुप रहा।

भागीरथ तुम क्या चाहते हो? यहाँ से चले जाओ, नहीं तो मैं पहरे वाले को बुला लूँगा।

बलदेव (पाँव पर पड़कर) भागीरथ, मुझे क्षमा करो, क्षमा करो।

भागीरथ- क्यों?

बलदेव- मैंने ही उस सौदागर को मारकर छुरा तुम्हारे थैले में छिपाया था। मैं तुम्हें भी मारना चाहता था। परंतु बाहर से आहट हो गई, मैं छुरा थैले में रखकर भाग निकला।

भागीरथ चुप हो गया, कुछ नहीं बोला।

बलदेव- भाई भागीरथ, भगवान के वास्ते मुझ पर दया करो, मुझे क्षमा करो। मैं कल अपना अपराध अंगीकार कर लूँगा। तुम छूटकर अपने घर चले जाओगे।

भागीरथ- बातें बनाना सहज है। छब्बीस वर्ष के इस दुःख को देखो, अब मैं कहाँ जा सकता हूँ? स्त्री मर गई, लड़के भूल गए, अब तो मेरा कहीं ठिकाना नहीं है।

बलदेव धरती से माथा फोड़, रो-रो कर कहने लगा- मुझे कोड़े लगने पर भी इतना कष्ट नहीं हुआ था, जो अब तुम्हें देखकर हो रहा है।

तुमने दया करके सुरंग की बात नहीं बतलाई। क्षमा करो, क्षमा करो, मैं अत्यंत दुःखी हो रहा हूँ!

यह कह बलदेव धाड़ मारकर रोने लगा। भागीरथ के नेत्रों से भी जल की धारा बह निकली। बोला- पूर्ण परमात्मा, तुम पर दया करें, कौन जाने कि मैं अच्छा हूँ अथवा तुम अच्छे हो। मैंने तुम्हें क्षमा किया।

अगले दिन बलदेव सिंह ने स्वयं कर्मचारियों के पास जाकर सारा हाल सुनाकर अपना अपराध मान लिया, परंतु भागीरथ को छोड़ देने का जब परवाना आया, तो उसका देहांत हो चुका था।

दयामय की दया

किसी समय एक मनुष्य ऐसा पापी था कि अपने 70 वर्ष के जीवन में उसने एक भी अच्छा काम नहीं किया था। नित्य पाप करता था, लेकिन मरते समय उसके मन में ग्लानि हुई और रो-रोकर कहने लगा- हे भगवान! मुझ पापी का बेड़ा पार कैसे होगा? आप भक्त-वत्सल, कृपा और दया के समुद्र हो, क्या मुझ जैसे पापी को क्षमा न करोगे?

इस पश्चाताप का यह फल हुआ कि वह नरक में गया, स्वर्ग के द्वार पर पहुँचा दिया गया। उसने कुंडी खड़खड़ाई। भीतर से आवाज आई- स्वर्ग के द्वार पर कौन खड़ा है? चित्रगुप्त, इसने क्या- क्या कर्म किए हैं?

चित्रगुप्त महाराज, यह बड़ा पापी है। जन्म से लेकर मरण-पर्यंत इसने एक भी शुभ कर्म नहीं किया।

भीतर से, "जाओ, पापियों को स्वर्ग में आने की आज्ञा नहीं हो सकती।"

मनुष्य- "महाशय, आप कौन हैं?"

भीतर- "योगेश्वर।"

मनुष्य योगेश्वर, मुझ पर दया कीजिए और जीव की अज्ञानता पर विचार कीजिए। आप ही अपने मन में सोचिए कि किस कठिनाई से आपने मोक्ष पद प्राप्त किया है। माया- मोह से रहित होकर मन को शुद्ध करना क्या कुछ खेल है? निस्संदेह मैं पापी हूँ, परंतु परमात्मा दयालु हैं, मुझे क्षमा करेंगे।

भीतर की आवाज बंद हो गई। मनुष्य ने फिर कुंडी खटखटाई।

भीतर से- "जाओ, तुम्हारे सरीखे पापियों के लिए स्वर्ग नहीं बना है।"

मनुष्य- "महाराज, आप कौन हैं?"

भीतर से- "बुद्ध।"

मनुष्य महाराज, केवल दया के कारण आप अवतार कहलाए। राज- पाट, धन- दौलत सब पर लात मार कर प्राणिमात्र का दुखः निवारण करने के हेतु आपने वैराग्य धारण किया, आपके प्रेममय उपदेश ने संसार को दयामय बना दिया। मैंने माना कि मैं पापी हूँ परन्तु अंत समय प्रेम का उत्पन्न होना निष्फल नहीं हो सकता।

बुद्ध महाराज मौन हो गए।

पापी ने फिर द्वार हिलाया।

भीतर से- "कौन है?"

चित्रगुप्त स्वामी- "यह बड़ा दुष्ट है।"

भीतर से- "जाओ, भीतर आने की आज्ञा नहीं।"

पापी महाराज- "आपका नाम?"

भीतर से- "कृष्ण।"

पापी (अति प्रसन्नता से)- अहा हा! अब मेरे भीतर चले जाने में कोई संदेह नहीं। आप स्वयं प्रेम की मूर्ति हैं, प्रेम-वश होकर आप क्या नाच नाचे हैं, अपनी कीर्ति को विचारिए, आप तो सदैव प्रेम के वशीभूत रहते हैं।

आप ही का उपदेश तो है- हरि को भजे सो हरि का होई,अब मुझे कोई चिंता नहीं।

स्वर्ग का द्वार खुल गया और पापी भीतर चला गया।

दो वृद्ध पुरुष

एक गांव में अर्जुन और मोहन नाम के दो किसान रहते थे। अजुर्न धनी था, मोहन साधारण पुरुष था। उन्होंने चिरकाल से बद्रीनारायण की यात्रा का इरादा कर रखा था।

अर्जुन बड़ा सुशील, सहासी और दृढ़ था। दो बार गांव का चौधरी रहकर उसने बड़ा अच्छा काम किया था। उसके दो लड़के तथा एक पोता था। उसकी साठ वर्ष की अवस्था थी, परन्तु दाढ़ी अभी तक नहीं पकी थी।

मोहन प्रसन्न व दयालु और मिलनसार था। उसके दो पुत्र थे, एक घर में था, दूसरा बाहर नौकरी पर गया हुआ था। वह खुद घर में बैठा- बैठा बढ़ई का काम करता था।

बद्रीनारायण की यात्रा का संकल्प किए उन्हें बहुत दिन हो चुके थे। अर्जुन को छुट्टी ही नहीं मिलती थी। एक काम समाप्त होता था कि दूसरा आकर घेर लेता था। पहले पोते का ब्याह करना था, फिर छोटे लड़के का गौना आ गया, इसके पीछे मकान बनना प्रारंभ हो गया। एक दिन बाहर लकड़ी पर बैठकर दोनों बूढ़ों में बातें होने लगी।

मोहन- क्यों भाई, अब यात्रा करने का विचार कब है?

अर्जुन- जरा ठहरो। अब की वर्ष अच्छा नहीं लगा। मैंने यह समझा था कि सौ रुपये में मकान तैयार हो जाएगा। तीन सौ रुपये लगा चुके हैं अभी दिल्ली दूर है। अगले वर्ष चलेंगे।

मोहन- शुभ कार्य में देरी करना अच्छा नहीं होता। मेरे विचार में तो तुरंत चल देना ही उचित है, दिन बहुत अच्छे हैं।

अर्जुन- दिन तो अच्छे हैं, पर मकान का क्या करूँ! इसे किस पर छोड़ूं?

मोहन- क्या कोई संभालने वाला ही नहीं, बड़े लड़के को सौंप दो।

अर्जुन- उसका क्या भरोसा है।

मोहन- वाह-वाह, भला बताओ तो कि मरने पर कौन संभालेगा?

इससे तो यह अच्छा है कि जीतेजी संभाल लें। और तुम सुख से जीवन व्यतीत करो।

अर्जुन- यह सत्य है, पर किसी काम में हाथ लगाकर उसे पूरा करने की इच्छा सभी की होती है।

मोहन- तो काम कभी पूरा नहीं होता, कुछ न कुछ कसर रह ही जाती है। कल ही की बात है कि रामनवमी के लिए स्त्रियां कई दिन से तैयारी कर रही थीं- कहीं लिपाई होती थी, कहीं आटा पीसा जाता था। इतने में रामनवमी आ पहुंची। बहू बोली, परमेश्वर की बड़ी कृपा है कि त्योहार बिना बुलाए ही आ जाते हैं, नहीं तो हम अपनी तैयारी ही करती रहें।

अर्जुन- एक बात और है, इस मकान पर मेरा बहुत रुपया खर्च हो गया है। इस समय रुपये का भी तोड़ा है। कम-से-कम सौ रुपये तो हों, नहीं तो यात्रा कैसे होगी।

मोहन- (हँसकर) अहा हा! जो जितना धनवान होता है, वह उतना ही कंगाल होता है तुम और रुपये की चिंता! जाने दो। मैं सच कहता हूँ, इस समय मेरे पास एक सौ रुपये भी नहीं, परन्तु जब चलने का निश्चय हो जायेगा, तो रुपया भी कहीं न कहीं से अवश्य आ ही जाएगा। बस, यह बतलाओ कि चलना कब है?

अर्जुन- तुमने रुपये जोड़ रखे होंगे, नहीं तो कहां से आ जायेंगे, बताओ तो सही।

मोहन- कुछ घर में से, कुछ माल बेचकर। पड़ोसी कुछ चौखट आदि मोल लेना चाहता है, उसे सस्ती दे दूंगा।

अर्जुन- सस्ती बेचने पर पछतावा होगा।

मोहन- मैं सिवाय पाप के और किसी बात पर नहीं पछताता। आत्मा से कौन चीज प्यारी है!

अर्जुन- यह सब ठीक है, परन्तु घर के कामकाज बिसराना भी उचित नहीं।

मोहन- और आत्मा को बिसारना तो और भी बुरा है। जब कोई बात मन में ठान ली तो उसे बिना पूरा किए न छोड़ना चाहिए।

2

अन्त में चलना निश्चय हो गया। चार दिन पीछे जब विदा होने का समय आया, तो अर्जुन बड़े लड़के को समझाने लगा कि मकान पर छत इस प्रकार डालना, भूसी बखार में इस भांति जमा कर देना, मंडी

में जाकर अनाज इस भाव से बेचना, रुपये संभालकर रखना, ऐसा न हो खो जावें, घर का प्रबन्ध ऐसा रखना कि किसी प्रकार की हानि न होने पावे। उसका समझाना समाप्त ही न होता था।

इसके विपरीत मोहन ने अपनी स्त्री से केवल इतना ही कहा कि तुम चतुर हो, सावधानी से काम करती रहना।

मोहन तो घर से प्रसन्न मुख बाहर निकला और गांव छोड़ते ही घर के सारे बखेड़े भूल गया। साथी को प्रसन्न रखना, सुखपूर्वक यात्रा कर घर लौट आना उसका मन्तव्य था। राह चलता था तो ईश्वरसम्बन्धी कोई भजन गाता था या किसी महापुरुष की कथा कहता। सड़क पर अथवा सराय में जिस किसी से भेंट हो जाती, उससे बड़ी नमरता से बोलता।

अर्जुन भी चुपके-चुपके चल तो रहा था, परन्तु उसका चित्त व्याकुल था। सदैव घर की चिंता लगी रहती थी। लड़का अनजान है, कौन जाने क्या कर बैठे। अमुक बात कहना भूल आया। ओहो, देखूँ, मकान की छत पड़ती है या नहीं। यही विचार उसे हरदम घेरे रहते थे यहां तक कि कभी-कभी लौट जाने को तैयार हो जाता था।

3

चलते-चलते एक महीना पीछे वे पहाड़ पर पहुंच गए। पहाड़ी बड़े अतिथिसेवक होते हैं अब तक यह मोल का अन्न खाते रहे थे। अब उनकी खातिरदारी होने लगी।

आगे चलकर वे ऐसे देश में पहुंचे, जहां दुर्घट अकाल पड़ा हुआ था। खेतियां सब सूख गई थी, अनाज का एक दाना भी नहीं उगा था। धनवान कंगाल हो गए थे धनहीन देश को छोड़कर भीख मांगने बाहर भाग गए थे।

यहां उन्हें कुछ कष्ट हुआ, अन्न कम मिलता था और वह भी बड़ा महंगा। रात को उन्होंने एक जगह विश्राम किया। अगले दिन चलते-चलते एक गांव मिला। गांव के बाहर एक झोंपड़ा था। मोहन थक गया था, बोला- मुझे प्यास लगी है। तुम चलो, मैं इस झोंपड़े से पानी पीकर अभी तुम्हें आ मिलता हूँ। अर्जुन बोला- अच्छा, पी आओ। मैं धीरे-धीरे चलता हूँ।

झोंपड़े के पास जाकर मोहन ने देखा कि उसके आगे धूप में एक मनुष्य पड़ा है। मोहन ने उससे पानी मांगा, उसने कोई उत्तर नहीं दिया। मोहन ने समझा कि कोई रोगी है।

समीप जाने पर झोंपड़े के भीतर एक बालक के रोने का शब्द सुनायी दिया। किवाड़ खुले हुए थे। वह भीतर चला गया।

4

उसने देखा कि नंगे सिर केवल एक चादर ओढ़े एक बुढ़िया धरती पर बैठी है, पास में भूख का मारा हुआ एक बालक बैठा रोटी, रोटी, पुकार रहा है। चूल्हे के पास एक स्त्री तड़प रही है, उसकी आंखें बन्द हैं, कंठ रुका हुआ है।

मोहन को देखकर बुढ़िया ने पूछा- तुम कौन हो? क्या मांगते हो? हमारे पास कुछ नहीं हैं।

मोहन- मुझे प्यास लगी है, पानी मांगता हूँ।

बुढ़िया- यहां न बर्तन है, न कोई लाने वाला। यहां कुछ नहीं। जाओ, अपनी राह लो।

मोहन- क्या तुममें से कोई उस स्त्री की सेवा नहीं कर सकता?

बुढ़िया- कोई नहीं। बाहर मेरा लड़का भूख से मर रहा है, यहां हम भूख से मर रहे हैं।

यह बातें हो ही रही थीं कि बाहर से वह मनुष्य भी गिरता- पड़ता भीतर आया और बोला- काल और रोग दोनों ने हमें मार डाला। यह बालक कई दिन से भूखा है क्या करूं- यह कहकर रोने लगा और उसकी हिचकी बंध गई।

मोहन ने तुरन्त अपने थैले में से रोटी निकालकर उनके आगे रख दी।

बुढ़िया बोली- इनके कंठ सूख गए हैं, बाहर से पानी ले आओ। मोहन बुढ़िया से कुएं का पता पूछकर बाहर गया और पानी ले आया। सबने रोटी खाकर पानी पिया, परन्तु चूल्हे के पास वाली स्त्री पड़ी तड़पती रही। मोहन गांव में जाकर कुछ दाल, चावल मोल ले आया और खिचड़ी पकाकर सबको खिलायी।

5

तब बुढ़िया बोली- भाई, क्या सुनाऊं, निर्धन तो हम पहले ही थे, उस पर पड़ा अकाल। हमारी और भी दुर्गति हो गई। पहलेपहल तो पड़ोसी अन्न उधार देते रहे, परन्तु वे क्या करते। वे आप भूखों मरने लगे, हमें कहां से देते।

मनुष्य ने कहा- मैं मजूरी करने निकला, दो- तीन दिन तो कुछ मिला, फिर किसी ने नौकर न रखा बुढ़िया और लड़की भीख मांगने लगीं। अन्न का अकाल था, कोई भीख भी न देता था। बहुतेरे यत्न किए, कुछ न बन सका। भूख के मारे घास खाने लगे, इसी कारण यह मेरी स्त्री चूल्हे के पास पड़ी तड़प रही है।

बुढ़िया- पहले कई दिनों तक तो मैं चल-फिरकर कुछ धंधा करती रही, परन्तु कहां तक? भूख और रोग ने जान ले ली। जो हाल है, तुम अपने नेत्रों से देख रहे हो।

उनकी बिथा सुनकर मोहन ने विचारा कि आज रात यहीं रहना उचित हैं साथी से कल मिल लेंगे।

प्रातःकाल उठकर वह गांव में गया और खाने- पीने की जिन्स ले आया। घर में कुछ न था। वह वहां ठहरकर इस तरह काम करने लगा कि मानो अपना ही घर है। दो-तीन दिन पीछे सब चलने- फिरने लगे और वह स्त्री उठ बैठी।

6

चौथे दिन एकादशी थी। मोहन ने विचारा कि आज सन्ध्या को इन सबके साथ बैठकर फलाहार करके कल प्रातःकाल चल दूंगा।

वह गांव में जाकर दूध, फल सब सामग्री लाकर बुढ़िया को दे, आप पूजापाठ करने मन्दिर में चला गया। इन लोगों ने अपनी जमीन एक जमींदार के यहां गिरवी रखकर अकाल के समय अपना निर्वाह किया था। मोहन जब मन्दिर गया, तब किसान युवक जमींदार के पास पहुंचा और विनयपूर्वक बोला- चौधरी जी, इस समय रुपये देकर खेत छुड़ाना मेरे काबू के बाहर है। यदि आप इस चौमासे में मुझे खेत बोने की आज्ञा दे दें, तो मेहनत-मजदूरी करके आपका ऋण चुका दे सकता हूँ।

परन्तु चौधरी कब मानता था? वह बोला- बिना रुपये दिए खेत नहीं बो सकते जाओ, अपना काम करो। वह निराश होकर घर लौट आया। इतने में मोहन भी पहुंच गया। जमींदार की बात सुनकर वह मन में विचार करने लगा कि जब यह जमींदार खेत नहीं बोने देता, तो इन किसानों की प्राणरक्षा क्या करेगा! यदि मैं इन्हें इसी दशा में छोड़कर चल दिया, तो यह सब काल के कौर बन जायेंगे कल नहीं परसों जाऊँगा।

मोहन अब बड़ी दुविधा में पड़ा था। न रहते ही बनता था, न जाते ही बनता था। रात को पड़ा-पड़ा सोचने लगा, यह तो अच्छा बखेड़ा फैला। पहले अन्न-पानी, अब खेत छुड़ाना, फिर गाय और बैलों की जोड़ी मोल लेना। मोहन तुम किस जंजाल में फंस गए?

जी चाहता था कि वह उन्हें ऐसे ही छोड़कर चल दे, परन्तु दया जाने न देती थी। सोचते- सोचते आंख लग गई। स्वप्न में देखता क्या है कि वह जाना चाहता है, किसी ने उसे पकड़ लिया है। लौटकर देखा तो बालक रोटी मांग रहा है। वह तुरन्त उठ बैठा और मन में कहने लगा- नहीं, अब मैं नहीं जाता। यह स्वप्न शिक्षा देता है कि मुझे इनका खेत छुड़ाना, गाय-बैल मोल लेना और सारा प्रबन्ध करके जाना उचित है।

प्रातःकाल उठकर जमींदार के पास गया और रुपया देकर उनका खेत छुड़ा दिया। जब एक किसान से एक गाय और दो बैल मोल लेकर लौट रहा था कि राह में स्त्रियों को बातें करते सुना।

"बहन, पहले तो हम उसे साधारण मनुष्य जानते थे। वह केवल पानी पीने आया था, पर अब सुना है कि खेत छुड़ाने और गाय-बैल मोल लेने गया है। ऐसे महात्मा के दर्शन करने चाहिए।" मोहन अपनी स्तुति सुनकर वहां से टल गया। गाय-बैल लेकर जब झोंपड़े पर पहुंचा तो किसान ने पूछा- पिताजी, यह कहां से लाये?

मोहन- अमुक किसान से यह बड़े सस्ते मिल गए हैं। जाओ, पशुशाला में बांधकर इनके आगे कुछ भूसा डाल दो।

उसी रात जब सब सो गए, तो मोहन चुपके से उठकर घर से बाहर निकल बद्रीनारायण की राह ली।

7

तीन मील चलकर मोहन एक वृक्ष के नीचे बैठकर बटुआ निकाल, रुपये गिनने लगा तो थोड़े ही रुपये बाकी थे। उसने सोचा- इतने रुपयों में बद्रीनाराण पहुंचना असम्भव है, भीख मांगना पाप है। अर्जुन वहां अवश्य पहुंचेगा और आशा है कि मेरे नाम पर कुछ चढ़ावा भी चढ़ा ही देगा। मैं तो अब इस जीवन में यह यात्रा करने का संकल्प पूरा नहीं कर सकता। अच्छा, परमात्मा की इच्छा, वह बड़ा दयालु है।

मुझ जैसे पापियों को निस्संदेह क्षमा कर देगा।

यह विचार करके गांव का चक्कर काटकर कि कोई देख न ले, वह घर की ओर लौट पड़ा।

गांव में पहुँचा जाने पर घर वाले उसे देखकर अति प्रसन्न हुए और पूछने लगे कि लौट क्यों आये? मोहन ने यही उत्तर दिया कि अर्जुन से साथ छूट गया और रुपये चोरी हो गए, इस कारण लौट आना पड़ा। घर में कुशलक्षेम थी। कोई कष्ट न था।

मोहन का आना सुनकर अर्जुन के घर वाले उससे पूछने लगे कि अर्जुन को कहां छोड़ा उनसे भी उसने यही कहा कि बद्रीनारायण पहुंचने से तीन दिन पहले मैं अर्जुन से पिछड़ गया, रुपया किसी ने चुरा लिया, बद्रीनारायण जाना असम्भव था, मुझे लौटना ही पड़ा।

सब लोग मोहन की बुद्धि पर हँसने लगे कि बद्रीनारायण पहुंचा ही नहीं, रास्ते में रुपये खो दिए। मोहन घर के धंधे में लग गया, बात बीत गई।

8

अब उधर का हाल सुनिए- मोहन जब पानी पीने चला गया तब थोड़ी दूर जाकर अर्जुन बैठ गया और साथी की बाट देखने लगा। सन्ध्या हो गई, पर मोहन न आया।

अर्जुन सोचने लगा- क्या हुआ, साथी क्यों नहीं आया? मेरी आंखें लग गई थीं। कहीं आगे न निकल गया हो। पर यहां से जाता तो क्या दिखायी नहीं देता? पीछे लौटकर देखूं, कहीं आगे न चला गया हो, फिर तो मिलना ही असम्भव है। आगे ही चलो, रात को चट्टी पर अवश्य भेंट हो जाएगी।

रास्ते में अर्जुन ने कई मनुष्यों से पूछा कि तुमने कोई नाटा, सांवले रंग का आदमी देखा है? परन्तु कुछ पता न चला। रात चट्टी पर भी मोहन से भेंट न हुई। अगले दिन यह विचार कर कि वह देवप्रयाग पर अवश्य मिल जाएगा, वह आगे चल दिया।

रास्ते में अर्जुन को एक साधु मिल गया। वह जगन्नाथ की यात्रा करके आया था। अब दूसरी बार बद्रीनारायण के दर्शन को जा रहा था। रात को चट्टी में वे दोनों इकट्ठे ही रहे और फिर एक साथ यात्रा करने लगे।

देवप्रयाग में पहुंचकर अर्जुन ने मोहन के विषय में पंडे से बहुत पूछताछ की, कुछ पता न चला। यहां सब यात्री एकत्र हो गए। देवप्रयाग से आगे चलकर सब लोग रात को एक चट्टी में ठहरे। वहां मूसलाधार मेघ बरसने लगा। बिजली की कड़क, बादल की गरज से सब कांप गए। सारी रात जागते कटी। त्राहि-त्राहि करते दिन निकला।

अन्त को दोपहर के समय सब लोग बद्रीनारायण पहुंच गए। पंडे देवप्रयाग से ही साथ हो लिये थे। बद्रीनारायण में यही रीति है कि पहले दिन यात्रियों को मन्दिर की ओर से भोजन कराया जाता है और उसी दिन यात्रियों को अटका अथवा चढ़ावा बतला देना पड़ता है कि कौन कितना चढ़ाएगा, कम से कम सवा रुपया नियत है। उस समय तो सबने पंडों के घरों में जाकर विश्राम किया। दूसरे दिन प्रातःकाल उठकर दर्शन-परसन में लग गए। अर्जुन और साधु एक ही स्थान में

टिके थे। सांझ की आरती के दर्शन करके लौटकर जब घर आये, तब साधु बोला कि मेरा तो किसी ने रुपये का बटुआ निकाल लिया।

9

अर्जुन के मन में यह पाप उत्पन्न हुआ कि यह साधु झूठा है। किसी ने इसका रुपया नहीं चुराया। इसके पास रुपया था ही नहीं।

लेकिन तुरन्त ही उसको पश्चाताप हुआ कि किसी पुरुष के विषय में ऐसी कल्पना करना महापाप है। उसने मन को बहुतेरा समझाया, परंतु उसका ध्यान साधु में ही लगा रहा। पवित्र स्थान में रहने पर भी चित्त की मलिनता दूर नहीं हुई। इतने में शयन की आरती का घंटा बजा। दोनों दर्शनार्थ मन्दिर में चले गए। भीड़ बहुत थी, अर्जुन नेत्र मूंदकर भगवान की स्तुति करने लगा, परंतु हाथ बटुए पर था, क्योंकि साधु के रुपये खो जाने से संस्कार चित्त में पड़े हुए थे। अन्तःकरण का शुद्ध हो जाना क्या कोई सहज बात है!

10

स्तुति समाप्त करके नेत्र खोलकर अर्जुन जब भगवान के दर्शन करने लगा, तब देखता क्या है कि मूर्ति के अति समीप मोहन खड़ा है। ऐ- मोहन! नहीं-नहीं, मोहन यहां कैसे पहुंच सकता है? सारे रास्ते तो ढूँढता आया हूँ।

मोहन को साष्टांग दण्डवत करते देखकर अर्जुन को निश्चय हो गया कि मोहन ही है। स्यात किसी दूसरी राह से यहां आ पहुंचा है। चलो, अच्छा हुआ, साथी तो मिल गया।

आरती हो गई। यात्री बाहर निकलने लगे। अर्जुन का हाथ बटुए पर था कि कोई रुपये न चुरा ले। वह मोहन को खोजने लगा, पर उसका कहीं पता नहीं चला।

दूसरे दिन प्रातःकाल मन्दिर में जाने पर अर्जुन ने फिर देखा कि मोहन हाथ जोड़े भगवान के सम्मुख खड़ा है। वह चाहता था कि आगे बढ़कर मोहन को पकड़ ले, परन्तु ज्योंही वह आगे बढ़ा, मोहन लोप हो गया।

तीसरे दिन भी अर्जुन को वही दृश्य दिखाई दिया। उसने विचारा कि चलकर द्वार पर खड़े हो जाओ। सब यात्री वहीं से निकलेंगे, वहीं मोहन को पकड़ लूंगा। अतएव उसने ऐसा ही किया, लेकिन सब यात्री निकल गए, मोहन का कहीं पता ही नहीं।

एक सप्ताह बद्रीनारायण में निवास करके अर्जुन घर लौट पड़ा।

11

राह चलते अर्जुन के चित्त में वही पुराने घर के झमेले बारबार आने लगे। सालभर बहुत होता है। इतने दिनों में घर की दशा न जाने क्या हुई हो। कहावत है- छाते लगे छः मास और छिन में होय उजाड़। कौन जाने लड़के ने क्या कर छोड़ा हो? फसल कैसी हो? पशुओं का पालन-पोषण हुआ है कि नहीं?

चलते-चलते अर्जुन जब उस झोपड़े के पास पहुंचा, जहां मोहन पानी पीने गया था, तो भीतर से एक लड़की ने आकर उसका कुरता पकड़ लिया और बोली- बाबा, बाबा भीतर चलो।

अर्जुन कुरता छुड़ाकर जाना चाहता था कि भीतर से एक स्त्री बोली- महाशय! भोजन करके रात्रि को यहीं विश्राम कीजिए। कल चले जाना। वह अंदर चला गया और सोचने लगा कि मोहन यहीं पानी पीने आया था। स्यात इन लोगों से उसका कुछ पता चल जाए।

स्त्री ने अर्जुन के हाथ-पैर धुलाकर भोजन परस दिया। अर्जुन उसको आशीष देने लगा।

स्त्री बोली- दादा, हम अतिथिसेवा करना क्या जाने? यह सब कुछ हमें एक यात्री ने सिखाया है। हम परमात्मा को भूल गए थे। हमारी यह दशा हो गई थी कि यदि वह बूढ़ा यात्री न आता तो हम सबके सब मर जाते। वह यहां पानी पीने आया था। हमारी दुर्दशा देखकर यहीं ठहर गया। हमारा खेत रेहन पड़ा था, वह छुड़ा दिया। गाय- बैल मोल ले दिए और सामग्री जुटाकर एक दिन न जाने कहां चला गया।

इतने में एक बुढ़िया आ गई और यह बात सुनकर बोल उठी- वह मनुष्य नहीं था, साक्षात देवता था। उसने हमारे ऊपर दया की, हमारा उद्धार कर दिया, नहीं तो हम मर गए होते वह पानी मांगने आया। मैंने कहा, जाओ, यहां पानी नहीं। जब मैं वह बात स्मरण करती हूँ, तो मेरा शरीर कांप उठता है।

छोटी लड़की बोल उठी- उसने अपनी कांवर खोली और उसमें से लोटा निकाला कुएं की ओर चला।

इस तरह सबके सब मोहन की चर्चा करने लगे। रात को किसान भी आ पहुंचा और वही चर्चा करने लगा- निस्संदेह उस यात्री ने हमें जीवनदान दिया। हम जान गए कि परमेश्वर क्या है और परोपकार क्या। वह हमें पशुओं से मनुष्य बना गया।

अर्जुन ने अब समझा कि बद्रीनारायण के मंदिर में मोहन के दिखायी देने का कारण क्या था। उसे निश्चय हो गया कि मोहन की यात्रा सफल हुई।

कुछ दिनों पीछे अर्जुन घर पहुंच गया। लड़का शराब पीकर मस्त पड़ा था। घर का हाल सब गड़बड़ था। अर्जुन लड़के को डांटने लगा। लड़के ने कहा- तो यात्रा पर जाने को किसने कहा था? न जाते। इस पर अर्जुन ने उसके मुंह पर तमाचा मारा।

दूसरे दिन अर्जुन जब चौधरी से मिलने जा रहा था, तो राह में मोहन की स्त्री मिल गई।

स्त्री- भाई जी, कुशल से तो हो? बद्रीनारायण हो आये?

अर्जुन- हां, हो आया। मोहन मुझसे रास्ते में बिछुड़ गए थे। कहो, वह कुशल से घर तो पहुंच गए?

स्त्री- उन्हें आये तो कई महीने हो गए। उनके बिना हम सब उदास रहा करते थे। लड़के को तो घर काटे खाता था। स्वामी बिना घर सूना होता है।

अर्जुन- घर में हैं कि कहीं बाहर गये हैं?

स्त्री- नहीं, घर में हैं।

अर्जुन भीतर चला गया और मोहन से बोला- राम-राम, भैया मोहन, राम- राम!

मोहन- राम-राम! आओ भाई! कहो, दर्शन कर आये!

अर्जुन- हां, कर तो आया, पर मैं यह नहीं कह सकता कि यात्रा सफल हुई अथवा नहीं। लौटते समय मैं उस झोपड़े में ठहरा था, जहां तुम पानी पीने गये थे।

मोहन ने बात टाल दी और अर्जुन भी चुप हो गया, परंतु उसे दृढ़ विश्वास हो गया कि उत्तम तीर्थयात्रा यही है कि पुरुष जीवन पर्यन्त प्रत्येक प्राणी के साथ प्रेमभाव रखकर सदैव उपकार में तत्पर रहे।

प्रेम में परमेश्वर

किसी गांव में मूरत नाम का एक बनिया रहता था। सड़क पर उसकी छोटी-सी दुकान थी। वहां रहते उसे बहुत काल हो चुका था, इसलिए वहां के सब निवासियों को भली-भांति जानता था। वह बड़ा सदाचारी, सत्यवक्ता, व्यावहारिक और सुशील था। जो बात कहता, उसे जरूर पूरा करता। कभी धेले भर भी कम न तोलता और न घी-तेल मिलाकर बेचता। चीज अच्छी न होती, तो ग्राहक से साफ-साफ कह देता, धोखा न देता था।

चौथेपन में वह भगवत्भजन का प्रेमी हो गया था। उसके और बालक तो पहले ही मर चुके थे, अंत में तीन साल का बालक छोड़कर उसकी स्त्री भी जाती रही। पहले तो मूरत ने सोचा, इसे ननिहाल भेज दूं, पर फिर उसे बालक से प्रेम हो गया। वह स्वयं उसका पालन करने लगा। उसके जीवन का आधार अब यही बालक था। इसी के लिए वह रात-दिन काम किया करता था। लेकिन शायद संतान का सुख उसके भाग्य में लिखा ही न था।

पल-पलाकर बीस वर्ष की अवस्था में यह बालक भी यमलोक को सिधार गया। अब मूरत के शोक की कोई सीमा न थी। उसका

विश्वास हिल गया। सदैव परमात्मा की निन्दा कर वह कहा करता था कि परमेश्वर बड़ा निर्दयी और अन्यायी है। मारना बूढ़े को चाहिए था, मार डाला युवक को। यहां तक कि उसने ठाकुर के मंदिर में जाना भी छोड़ दिया।

एक दिन उसका पुराना मित्र, जो आठ वर्ष से तीर्थयात्रा को गया हुआ था, उससे मिलने आया। मूरत बोला- मित्र देखो, सर्वनाश हो गया। अब मेरा जीना अकारथ है। मैं नित्य परमात्मा से यही विनती करता हूँ कि वह मुझे जल्दी इस मृत्युलोक से उठा ले, मैं अब किस आशा पर जीऊँ।

मित्र- मूरत, ऐसा मत कहो। परमेश्वर की इच्छा को हम नहीं जान सकते। वह जो करता है, ठीक करता है। पुत्र का मर जाना और तुम्हारा जीते रहना विधाता के वश है, और कोई इसमें क्या कर सकता है! तुम्हारे शोक का मूल कारण यह है कि तुम अपने सुख में सुख मानते हो। पराए सुख से सुखी नहीं होते।

मूरत- तो मैं क्या करूँ?

मित्र- परमात्मा की निष्काम भक्ति करने से अन्तःकरण शुद्ध होता है।

जब सब काम परमेश्वर को अर्पण करके जीवन व्यतीत करोगे तो तुम्हें परमानंद प्राप्त होगा।

मूरत- चित्त स्थिर करने का कोई उपाय तो बतलाइए।

मित्र- गीता, भक्तमालादि ग्रन्थों का श्रवण, पाठन, मनन किया करो।

ये ग्रन्थ धर्म, अर्थ, काम, मोक्ष चारों फलों को देने वाले हैं। इनका पढ़ना आरम्भ कर दो, चित्त को बड़ी शांति प्राप्ति होगी।

मूरत ने इन ग्रन्थों को पढ़ना आरम्भ किया। थोड़े ही दिनों में इन पुस्तकों से उसे इतना प्रेम हो गया कि रात को बारह बजे तक गीता आदि पढ़ता और उसके उपदेशों पर विचार करता रहता था। पहले तो वह सोते समय छोटे पुत्र को स्मरण करके रोया करता था, अब सब भूल गया। सदा परमात्मा में लवलीन रहकर आनंदपूर्वक अपना जीवन बिताने लगा। पहले इधर-उधर बैठकर हंसीठट्ठा भी कर लिया करता था, पर अब वह समय व्यर्थ न खोता था। या तो दुकान का काम करता था या रामायण पढ़ता था। तात्पर्य यह कि उसका जीवन सुधर गया।

एक रात रामायण पढ़ते-पढ़ते उसे ये चौपाइयां मिलीं-

एक पिता के विपुल कुमारा। होइ पृथक गुण शील अचारा॥

कोई पंडित कोइ तापस ज्ञाता। कोई धनवंत शूर कोइ दाता॥

कोइ सर्वज्ञ धर्मरत कोई। सब पर पितहिं परीति सम होई॥

अखिल विश्व यह मम उपजाया। सब पर मोहि बराबर दाया॥

मूरत पुस्तक रखकर मन में विचारने लगा कि जब ईश्वर सब प्राणियों पर दया करते हैं, तो क्या मुझे सभी पर दया न करनी चाहिए? तत्पश्चात सुदामा और शबरी की कथा पढ़कर उसके मन में यह भाव उत्पन्न हुआ कि क्या मुझे भी भगवान के दर्शन हो सकते हैं?

यह विचारते-विचारते उसकी आँख लग गई। बाहर से किसी ने पुकारा- मूरत! बोला- मूरत! देख, याद रख, मैं कल तुझे दर्शन दूंगा।

यह सुनकर वह दुकान से बाहर निकल आया। वह कौन था? वह चकित होकर कहने लगा, यह स्वप्न है अथवा जागृति। कुछ पता न चला। वह दुकान के भीतर जाकर सो गया।

दूसरे दिन प्रातःकाल उठ, पूजापाठ कर, दुकान में आ, भोजन बना मूरत अपने कामधंधे में लग गया परंतु उसे रात वाली बात नहीं भूलती थी।

रात्रि को पाला पड़ने के कारण सड़क पर बर्फ के ढेर लग गए थे। मूरत अपनी धुन में बैठा था। इतने में बर्फ हटाने को कोई कुली आया। मूरत ने समझा कृष्णचन्द्र आते हैं, आंखें खोलकर देखा कि बूढ़ा लालू बर्फ हटाने आया है, हँसकर कहने लगा- आवे बूढ़ा लालू और मैं समझें कृष्ण भगवान, वाह री बुद्धि!

लालू बर्फ हटाने लगा। बूढ़ा आदमी था। शीत के कारण बर्फ न हटा सका। थककर बैठ गया और शीत के मारे कांपने लगा। मूरत ने सोचा कि लालू को ठंड लग रही है, इसे आग तपा दूं।

मूरत- लालू भैया, यहां आओ, तुम्हें ठंड सता रही है। हाथ सेंक लो।

लालू दुकान पर आकर धन्यवाद करके हाथ सेंकने लगा।

मूरत- भाई, कोई चिंता मत करो। बर्फ मैं हटा देता हूँ। तुम बूढ़े हो, ऐसा न हो कि ठंड खा जाओ।

लालू- तुम क्या किसी की बाट देख रहे थे?

मूरत- क्या कहूँ, कहते हुए लज्जा आती है। रात मैंने एक ऐसा स्वप्न देखा है कि उसे भूल नहीं सकता। भक्तमाल पढ़ते-पढ़ते मेरी आंख लग गई। बाहर से किसी ने पुकारा 'मूरत!' मैं उठकर बैठ गया। फिर शब्द हुआ, 'मूरत! मैं तुम्हें दर्शन दूगा!' बाहर जाकर देखता हूँ तो वहां कोई नहीं। मैं भक्तमाल में सुदामा और शबरी के चरित पढ़कर यह जान चुका हूँ कि भगवान ने परमेवश होकर किस

प्रकार साधारण जीवों को दर्शन दिए हैं। वही अभ्यास बना हुआ है। बैठा कृष्णचन्द्र की राह देख रहा था कि तुम आ गए।

लालू- जब तुम्हें भगवान से प्रेम है तो अवश्य दर्शन होंगे। तुमने आग नदी होती, तो मैं मर ही गया था।

मूरत- वाह भाई लालू, यह बात ही क्या है! इस दुकान को अपना घर समझो। मैं सदैव तुम्हारी सेवा करने को तैयार हूँ।

लालू धन्यवाद करके चल दिया। उसके पीछे दो सिपाही आये। उनके पीछे एक किसान आया। फिर एक रोटी वाला आया। सब अपनी राह चले गए। फिर एक स्त्री आयी। वह फटे-पुराने वस्त्र पहने हुए थी। उसकी गोद में एक बालक था। दोनों शीत के मारे कांप रहे थे।

मूरत- माई, बाहर ठंड में क्यों खड़ी हो? बालक को जाड़ा लग रहा है, भीतर आकर कपड़ा ओढ़ लो।

स्त्री भीतर आई। मूरत ने उसे चूल्हे के पास बिठाया और बालक को मिठाई दी।

मूरत- माई, तुम कौन हो?

स्त्री- मैं एक सिपाही की स्त्री हूँ। आठ महीने से न जाने कर्मचारियों ने मेरे पति को कहां भेज दिया है, कुछ पता नहीं लगता। गर्भवती होने पर मैं एक जगह रसोई का काम करने पर नौकर थी। ज्योंही यह बालक उत्पन्न हुआ, उन्होंने इस भय से कि दो जीवों को अन्न देना पड़ेगा, मुझे निकाल दिया। तीन महीने से मारी-मारी फिरती हूँ। कोई टहलनी नहीं रखता। जो कुछ पास था, सब बेचकर खा गई। इधर साहूकारिन के पास जाती हूँ। स्यात नौकर रख ले।

मूरत- तुम्हारे पास कोई ऊनी वस्त्र नहीं है?

स्त्री- वस्त्र कहां से हो, छदाम भी तो पास नहीं।

मूरत- यह लो लोई, इसे ओढ़ लो।

स्त्री- भगवान तुम्हारा भला करे। तुमने बड़ी दया की। बालक शीत के मारे मरा जाता था।

मूरत- मैंने दया कुछ नहीं की। श्री कृष्णचन्द्र की इच्छा ही ऐसी है।

फिर मूरत ने स्त्री को रात वाला स्वप्न सुनाया।

स्त्री- क्या अचरज है, दर्शन होने कोई असम्भव तो नहीं।

स्त्री के चले जाने पर सेव बेचने वाली आयी। उसके सिर पर सेवों की टोकरी थी और पीठ पर अनाज की गठरी। टोकरी धरती पर रखकर खम्भे का सहारा ले वह विश्राम करने लगी कि एक बालक टोकरी में से सेव उठाकर भागा। सेव वाली ने दौड़कर उसे पकड़ लिया और सिर के बाल खींचकर मारने लगी। बालक बोला- मैंने सेव नहीं उठाया।

मूरत ने उठकर बालक को छुड़ा दिया।

मूरत- माई, क्षमा कर, बालक है।

सेव वाली- यह बालक बड़ा उत्पाती है। मैं इसे दंड दिये बिना कभी न छोड़ूंगी।

मूरत- माई, जाने दे, दया कर। मैं इसे समझा दुंगा। वह ऐसा काम फिर नहीं करेगा।

बुढ़िया ने बालक को छोड़ दिया। वह भागना चाहता था कि मूरत ने उसे रोका और कहा- बुढ़िया से अपना अपराध क्षमा

कराओ और प्रतिज्ञा करो कि चोरी नहीं करोगे। मैंने आप तुम्हें सेव उठाते देखा है। तुमने यह झूठ क्यों कहा?

बालक ने रोकर बुढ़िया से अपना अपराध क्षमा कराया और प्रतिज्ञा की कि फिर झूठ नहीं बोलूंगा। इस पर मूरत ने उसे एक सेव मोल ले दिया।

बुढ़िया- वाहवाह, क्या कहना है! इस प्रकार तो तुम गांव के समस्त बालकों का सत्यानाश कर डालोगे। यह अच्छी शिक्षा है! इस तरह तो सब लड़के शेर हो जायेंगे।

मूरत- माई, यह क्या कहती हो! बदला और दंड देना तो मनुष्यों का स्वभाव है, परमात्मा का नहीं, वह दयालु है। यदि इस बालक को एक सेव चुराने का कठिन दंड मिलना उचित है, तो हमको हमारे अनन्त पापों का क्या दंड मिलना चाहिए? माई, सुनो, मैं तुम्हें एक कहानी सुनाता हूँ। एक कर्मचारी पर राजा के दस हजार रुपये आते थे। उसके बहुत विनय करने पर राजा ने वह ऋण छोड़ दिया। उस कर्मचारी की भी अपने सेवकों से सौ-सौ रुपये पावने थे, वह उन्हें बड़ा कष्ट देने लगा। उन्होंने बहुतेरा कहा कि हमारे पास पैसा नहीं, ऋण कहां से चुकावें? कर्मचारी ने एक न सुनी। वे सब राजा के पास जाकर फरियादी हुए। राजा ने उसी दम कर्मचारी को कठिन दंड दिया। तात्पर्य यह कि हम जीवों पर दया नहीं करेंगे, तो परमात्मा भी हम पर दया नहीं करेगा।

बुढ़िया- यह सत्य है, परंतु ऐसे बर्ताव से बालक बिगड़ जाते हैं। मूरत- कदापि नहीं। बिगड़ते नहीं, वरंच सुधरते हैं।

बुढ़िया टोकरा उठाकर चलने लगी कि उसी बालक ने आकर विनय की कि माई, यह टोकरा तुम्हारे घर तक मैं पहुंचा आता हूँ।

रात्रि होने पर मूरत भोजन करने के बाद गीतापाठ कर रहा था कि उसकी आंख झपकी और उसने यह दृश्य देखा-

"मूरत! मूरत!"

मूरत- "कौन हो?"

"मैं! लालू।" इतना कहकर लालू हँसता हुआ चला गया।

फिर आवाज आयी- "मैं हूँ।" मूरत देखता है कि दिन वाली स्त्री लोई ओढ़े, बालक को गोद में लिये, सम्मुख आकर खड़ी हुई, हँसी और लोप हो गई। फिर शब्द सुनाई दिया- "मैं हूँ।" देखा कि सेव बेचने वाली और बालक हंसते-हंसते सामने आये और अन्तर्धान हो गए!

मूरत उठकर बैठ गया। उसे विश्वास हो गया कि कृष्णचन्द्र के दर्शन हो गए, क्योंकि प्राणिमात्र पर दया करना ही परमात्मा का दर्शन करना है।

मनुष्य का जीवन आधार क्या है

माधो नामी एक चमार जिसके न घर था, न धरती, अपनी स्त्री और बच्चों सहित एक झोंपड़े में रहकर मेहनत मजदूरी द्वारा पेट पालता था। मजूरी कम थी, अन्न महंगा था। जो कमाता था, खा जाता था। सारा घर एक ही कम्बल ओढ़कर जाड़ों के दिन काटता था और वह कम्बल भी फटकर तारतार रह गया था। पूरे एक वर्ष से वह इस विचार में लगा हुआ था कि दूसरा वस्त्र मोल ले। पेट मार-मारकर उसने तीन रुपये जमा किए थे, और पांच रुपये पास के गांव वालों पर आते थे।

एक दिन उसने यह विचारा कि पांच रुपये गांव वालों से उगाहकर वस्त्र ले आऊँ। वह घर से चला, गांव में पहुंचकर वह पहले एक किसान के घर गया। किसान तो घर में नहीं था, उसकी स्त्री ने कहा कि इस समय रुपया मौजूद नहीं, फिर दे दूंगी। फिर वह दूसरे के घर पहुंचा, वहां से भी रुपया न मिला। फिर वह बनिये की दुकान पर जाकर वस्त्र उधार मांगने लगा। बनिया बोला- हम ऐसे कंगालों को उधार नहीं देते। कौन पीछे-पीछे फिरे? जाओ, अपनी राह लो।

वह निराश होकर घर को लौट पड़ा। राह में सोचने लगा कितने अचरज की बात है कि मैं सारे दिन काम करता हूँ, उस पर भी पेट

नहीं भरता। चलते समय स्त्री ने कहा था कि वस्त्र अवश्य लाना। अब क्या करूँ, कोई उधार भी तो नहीं देता। किसानों ने कह दिया, अभी हाथ खाली है, फिर ले लेना। तुम्हारा तो हाथ खाली है, पर मेरा काम कैसे चले? तुम्हारे पास घर, पशु, सबकुछ है, मेरे पास तो यह शरीर ही शरीर है।

मनुष्य का जीवन आधार क्या है।

तुम्हारे पास अनाज के कोठे भरे पड़े हैं, मुझे एक-एक दाना मोल लेना पड़ता है। सात दिन में तीन रुपये तो केवल रोटी में खर्च हो जाते हैं। क्या करूं, कहां जाऊं? हे भगवान! सोचता हुआ मन्दिर के पास पहुंचकर देखता क्या है कि धरती पर कोई श्वेत वस्तु पड़ी है। अंधेरा हो गया, साफ न दिखाई देता है। माधो ने समझा कि किसी ने इसके वस्त्र छीन लिये हैं, मुझसे क्या मतलब? ऐसा न हो, इस झगड़े में पड़ने से मुझ पर कोई आपत्ति खड़ी हो जाए, चल दो।

थोड़ी दूर गया था कि उसके मन में पछतावा हुआ। मैं कितना निर्दयी हूँ। कहीं यह बेचारा भूखों न मर रहा हो। कितने शर्म की बात है कि मैं उसे इस दशा में छोड़, चला जाता हूँ। वह लौट पड़ा और उस आदमी के पास जाकर खड़ा हो गया।

2

पास पहुंचकर माधो ने देखा कि वह मनुष्य भला-चंगा जवान है। केवल शीत से दुःखी हो रहा है। उस मनुष्य को आंख भरकर देखना था कि माधो को उस पर दया आ गई। अपना कोट उतारकर बोला- यह समय बातें करने का नहीं, यह कोट पहन लो और मेरे संग चलो।

मनुष्य का शरीर स्वच्छ, मुख दयालु, हाथ-पांव सुडौल थे। वह प्रसन्न था। माधो ने उसे कोट पहना दिया और बोला- मित्र, अब चलो, बातें पीछे होती रहेंगी।

मनुष्य ने प्रेमभाव से माधो को देखा और कुछ न बोला।

माधो- तुम बोलते क्यों नहीं? यहां ठंड है, घर चलो। यदि तुम चल नहीं सकते, तो यह लो लकड़ी, इसके सहारे चलो।

मनुष्य माधो के पीछे-पीछे हो लिया।

माधो- तुम कहां रहते हो?

मनुष्य- मैं यहां का रहने वाला नहीं।

माधो- मैंने भी यही समझा था, क्योंकि यहां तो मैं सबको जानता हूँ। तुम मन्दिर के पास कैसे आ गए?

मनुष्य- यह मैं नहीं बतला सकता।

माधो- क्या तुमको किसी ने दुःख दिया है?

मनुष्य- मुझे किसी ने दुःख नहीं दिया, अपने कर्मों का भोग है। परमात्मा ने मुझे दंड दिया है।

माधो- निस्संदेह परमेश्वर सबका स्वामी है, परन्तु खाने को अन्न और रहने को घर तो चाहिए। तुम अब कहां जाना चाहते हो?

मनुष्य- जहाँ ईश्वर ले जाए।

माधो चकित हो गया। मनुष्य की बातचीत बड़ी प्रिय थी। वह ठग प्रतीत न होता था, पर अपना पता कुछ नहीं बताता था। माधो ने सोचा, अवश्य इस पर कोई बड़ी विपत्ति पड़ी है। बोलो- भाई, घर चलकर जरा आराम करो, फिर देखा जायेगा।

दोनों वहां से चल दिए। राह में माधो विचार करने लगा, मैं तो वस्त्र लेने आया था, यहां अपना भी दे बैठा। एक नंगा मनुष्य साथ है, क्या यह सब बातें देखकर मालती प्रसन्न होगी! कदापि नहीं, मगर चिन्ता ही क्या है? दया करना मनुष्य का परम धर्म है।

3

उधर माधो की स्त्री मालती उस दिन जल्दी-जल्दी लकड़ी काटकर पानी लायी, फिर भोजन बनाया, बच्चों को खिलाया, आप खाया, पति के लिए भोजन अलग रखकर कुरते में टांका लगाती हुई यह विचार करने लगी- ऐसा न हो, बनिया मेरे पति को ठग ले, वह बड़ा सीधा है, किसी से छल नहीं करता, बालक भी उसे फंसा सकता है। आठ रुपये बहुत होते हैं, इतने रुपये में तो अच्छे वस्त्र मिल सकते हैं। पिछली सर्दी किस कष्ट से कटी। जाते समय उसे देर हो गई थी, परन्तु क्या हुआ, अब तक उसे आ जाना चाहिए था।

इतने में आहट हुई। मालती बाहर आयी, देखा कि माधो है। उसके साथ नंगे सिर एक मनुष्य है। माधो का कोट उसके गले में पड़ा है। पति के हाथों में कोई गठरी नहीं है, वह शर्म से सिर झुकाए खड़ा है।

यह देखकर मालती का मन निराशा से व्याकुल हो गया। उसने समझा, कोई ठग है, त्योरी चढ़ाकर खड़ी हो देखने लगी कि वह क्या करता है।

माधो बोला- यदि भोजन तैयार हो तो ले आओ।

मालती जलकर राख हो गई, कुछ न बोली। चुपचाप वहीं खड़ी रही। माधो ताड़ गया कि स्त्री क्रोधाग्नि में जल रही है।

माधो- क्या भोजन नहीं बनाया?

मालती- (क्रोध से) हां, बनाया है, परन्तु तुम्हारे वास्ते नहीं, तुम तो वस्त्र मोल लेने गए थे? यह क्या किया, अपना कोट भी दूसरे को दे दिया? इस ठग को कहां से लाए? यहां कोई सदाबरत थोड़े ही चलता है।

माधो- मालती, बस! बस! बिना सोचे-समझे किसी को बुरा कहना उचित नहीं है। पहले पूछ तो लो कि यह कैसा....

मालती- पहले यह बताओ कि रुपये कहां फेंके?

माधो- यह लो अपने तीनों रुपये, गांव वालों ने कुछ नहीं दिया।

मालती- (रुपये लेकर) मेरे पास संसार भर के नंगे-लुच्चों के लिए भोजन नहीं है।

माधो- फिर वही बात! पहले इससे पूछ तो लो, क्या कहता है।

मालती- बस बस पूछ चुकी। मैं तो विवाह ही करना नहीं चाहती थी, तुम तो घरखोऊ हो।

माधो ने बहुतेरा समझाया वह एक न मानी। दस वर्ष के पुराने झगड़े याद करके बकवाद करने लगी, यहां तक कि क्रोध में आकर माधो की जैकेट फाड़ डाली और घर से बाहर जाने लगी। पर रास्ते में रुक गई और पति से बोली- अगर यह भलामानस होता तो नंगा न होता। भला तुम्हारी भेंट इससे कहां हुई?

माधो- बस, यही तो मैं तुमको बतलाना चाहता हूँ। यह गांव के बाहर मन्दिर के पास नंगा बैठा था। भला विचार तो कर, यह ऋतु बाहर नंगा बैठने की है? दैवगति से मैं वहां जा पहुंचा, नहीं तो क्या जाने यह मरता या जीता। हम क्या जानते हैं कि इस पर क्या विपत्ति पड़ी है। मैं अपना कोट पहनाकर इसे यहां ले आया हूँ। देख, क्रोध मत कर, क्रोध पाप का मूल है। एक दिन हम सबको यह संसार छोड़ना है।

मालती कुछ कहना चाहती थी, पर मनुष्य को देखकर चुप हो गई। वह आंखें मूंदे, घुटनों पर हाथ रखे, मौन धारण किए स्थिर बैठा था।

माधो- प्यारी! क्या तुममें ईश्वर का प्रेम नहीं?

यह वचन सुन, मनुष्य को देखकर मालती का चित्त तुरन्त पिघल गया, झट से उठी और भोजन लाकर उसके सामने रख दिया और बोली- खाइए।

मालती की यह दशा देखकर मनुष्य का मुखारविंद खिल गया और वह हँसा। भोजन कर लेने पर मालती बोली- तुम कहां से आये हो?

मनुष्य- मैं यहां का रहने वाला नहीं।

मालती- तुम मन्दिर के पास किस प्रकार पहुंचे?

मनुष्य- मैं कुछ नहीं बता सकता।

मालती- क्या किसी ने तुम्हारा माल चुरा लिया?

मनुष्य- किसी ने नहीं। परमेश्वर ने यह दंड दिया है!

मालती- क्या तुम वहां नंगे बैठे थे?

मनुष्य- हां, शीत के मारे ठिठुर रहा था। माधो ने देखकर दया की, कोट पहनाकर मुझे यहां ले आया, तुमने तरस खाकर मुझे भोजन खिला दिया। भगवान तुम दोनों का भला करे।

मालती ने एक कुरता और दे दिया। रात को जब वह अपने पति के पास जाकर लेटी तो यह बातें करने लगी-

मालती- सुनते हो?

माधो- हां।

मालती- अन्न तो चुक गया। कल भोजन कहां से करेंगे? शायद पड़ोसिन से मांगना पड़े।

माधो- जिएंगे तो अन्न भी कहीं से मिल ही जाएगा।

मालती- वह मनुष्य अच्छा आदमी मालूम होता है। अपना पता क्यों नहीं बतलाता?

माधो- क्या जानूं। कोई कारण होगा।

मालती- हम औरों को देते हैं, पर हमको कोई नहीं देता?

माधो ने इसका कुछ उत्तर नहीं दिया, मुंह फेरकर सो गया।

4

प्रातःकाल हो गयी। माधो जागा, बच्चे अभी सोये पड़े थे। मालती पड़ोसिन से अन्न मांगने गयी थी। अजनबी मनुष्य भूमि पर बैठा आकाश की ओर देख रहा था, परन्तु उसका मुख अब प्रसन्न था।

माधो- मित्र, पेट रोटी मांगता है, शरीर वस्त्र अतएव काम करना आवश्यक है। तुम कोई काम जानते हो?

मनुष्य- मैं कोई काम नहीं जानता।

माधो- अभ्यास बड़ी वस्तु है, मनुष्य यदि चाहे तो सबकुछ सीख सकता है।

मनुष्य- मैं सीखने को तैयार हूँ, आप सिखा दीजिए।

माधो- तुम्हारा नाम क्या है?

मनुष्य- मैकू।

माधो- भाई मैकू, यदि तुम अपना हाल सुनाना नहीं चाहते तो न सुनाओ, परन्तु कुछ काम अवश्य करो। जूते बनाना सीख लो और यहीं रहो।

मैकू- बहुत अच्छा।

अब माधो ने मैकू को सूत बांटना, उस पर मोम चढ़ाना, जूते सीना आदि काम सिखाना शुरू कर दिया। मैकू तीन दिन में ही ऐसे जूते बनाने लगा, मानो सदा से चमार का ही काम करता रहा हो। वह घर से बाहर नहीं निकलता था, बोलता भी बहुत कम था। अब तक वह केवल एक बार उस समय हँसा था जब मालती ने उसे भोजन कराया था, फिर वह कभी नहीं हँसा।

5

धीरे-धीरे एक वर्ष बीत गया। चारों ओर धूम मच गई कि माधो का नौकर मैकू जैसे पक्के मजबूत जूते बनाता है, दूसरा कोई नहीं बना सकता। माधो के पास बहुत काम आने लगा और उसकी आमदनी बहुत बढ़ गई।

एक दिन माधो और मैकू बैठे काम कर रहे थे कि एक गाड़ी आयी, उसमें से एक धनी पुरुष उतरकर झोंपड़े के पास आया। मालती ने झट से किवाड़ खोल दिए वह भीतर आ गया।

माधो ने उठकर प्रणाम किया। उसने ऐसा सुन्दर पुरुष पहले कभी नहीं देखा था। वह स्वयं दुबला था, मैकू और भी दुबला और मालती तो हड्डियों का पिंजरा थी। यह पुरुष तो किसी दूसरे ही लोक का वासी जान पड़ता था- लाल मुंह, चौड़ी छाती, तनी हुई गर्दन मानो सारा शरीर लोहे में ढाला हुआ है।

पुरुष- तुममें उस्ताद कौन है?

माधो- हुजूर, मैं।

पुरुष (चमड़ा दिखाकर) तुम यह चमड़ा देखते हो?

माधो- हां, हुजूर।

पुरुष- तुम जानते हो कि यह किस जात का चमड़ा है?

माधो- महाराज, यह चमड़ा बहुत अच्छा है।

पुरुष- अच्छा, मूर्ख कहीं का! तुमने शायद ऐसा चमड़ा कभी नहीं देखा होगा। यह जर्मन देश का चमड़ा है, इसका मोल बीस रुपये है।

माधो- (भय से) भला महाराज, ऐसा चमड़ा मैं कहां से देख सकता था?

पुरुष- अच्छा, तुम इसका बूट बना सकते हो।

माधो- हां, हुजूर, बना सकता हूँ।

पुरुष- हां, हुजूर की बात नहीं, समझ लो कि चमड़ा कैसा है और बनाने वाला कौन है। यदि साल भर के अन्दर कोई टांका उखड़ गया अथवा जूते का रूप बिगड़ गया तो तुझे बंदीखाने जाना पड़ेगा, नहीं तो दस रुपये मजूरी मिलेगी।

माधो ने मैकू की ओर कनखियों से देखकर धीरे से पूछा कि काम ले लूं? उसने कहा- हां, ले लो। माधो नाप लेने लगा।

पुरुष- देखो, नाप ठीक लेना, बूट छोटा न पड़ जाए। (मैकू की तरफ देखकर) यह कौन है?

माधो- मेरा कारीगर।

पुरुष (मैकू से)- होहो, देखो बूट एक वर्ष चलना चाहिए। पूरा एक वर्ष, कम नहीं।

मैकू का उस पुरुष की ओर ध्यान ही नहीं था। वह किसी और ही धुन में मस्त बैठा हँस रहा था।

पुरुष (क्रोध से)- मूर्ख! बात सुनता है कि हँसता है। देखो, बूट बहुत जल्दी तैयार करना, देर न होने पाए।

बाहर निकलते समय पुरुष का मस्तक द्वार से टकरा गया। माधो बोला सिर है कि लोहा, किवाड़ ही तोड़ डाला था।

मालती बोली- धनवान ही बलवान होते हैं। इस पुरुष को यमराज भी हाथ नहीं लगा सकता, और की तो बात ही क्या है?

उस आदमी के जाने के बाद माधो ने मैकू से कहा- भाई, काम तो ले लिया है, कोई झगड़ा न खड़ा हो जाए। चमड़ा बहुमूल्य है और यह आदमी बड़ा क्रोधी है, भूल न होनी चाहिए। तुम्हारा हाथ साफ हो गया है, बूट काट तुम दो, सी मैं दूंगा।

मैकू बूट काटने लगा। मालती नित्य अपने पति को बूट काटते देखा करती थी। मैकू की काट देखकर चकरायी कि वह यह कर क्या रहा है। शायद बड़े आदमियों के बूट इसी प्रकार काटे जाते हों, यह विचार कर चुप रह गई।

मैकू ने चमड़ा काटकर दोपहर तक स्लीपर तैयार कर लिये। माधो जब भोजन करके उठा तो देखता क्या है कि बूट की जगह स्पीलर बने रखे हैं। वह घबरा गया और मन में कहने लगा- इस मैकू को मेरे साथ रहते एक वर्ष हो गया, ऐसी भूल तो उसने कभी नहीं की। आज इसे क्या हो गया! उस पुरुष ने तो बूट बनाने को कहा था, इसने तो स्लीपर बना डाले। अब उसे क्या उत्तर दूंगा, ऐसा चमड़ा और कहां से मिल सकता है! (मैकू से)- मित्र, यह तुमने क्या किया? उसने तो बूट बनाने को कहा था न! अब मेरे सिर के बाल न बचेंगे।

यह बातें हो ही रही थीं कि द्वार पर एक आदमी ने आकर पुकारा। मालती ने किवाड़ खोल दिए। यह उस धनी आदमी का

वही नौकर था, जो उसके साथ यहां आया था। उसने आते ही कहा- राम- राम, तुमने बूट बना तो नहीं डाले?

माधो- हां, बना रहा हूँ।

नौकर- मेरे स्वामी का देहान्त हो गया, अब बूट बनाना व्यर्थ है।

माधो- अरे!

नौकर- वह तो घर तक भी पहुंचने नहीं पाये, गाड़ी में ही प्राण त्याग दिए। स्वामिनी ने कहा है कि उस चमड़े के स्लीपर बना दो।

माधो- (प्रसन्न होकर) यह लो स्लीपर।

आदमी स्लीपर लेकर चलता बना।

6

मैकू को माधो के साथ रहते-रहते छः वर्ष बीत गए। अब तक वह केवल दो बार हँसा था, नहीं तो चुपचाप बैठा अपना काम किए जाता था। माधो उस पर अति प्रसन्न था और डरता रहता था कि कहीं भाग न जाए। इस भय से फिर माधो ने उससे पता-वता कुछ नहीं पूछा।

एक दिन मालती चूल्हे में आग जल रही थी, बालक आंगन में खेल रहे थे, माधो और मैकू बैठे जूते बना रहे थे कि एक बालक ने आकर कहा- चाचा मैकू, देखो, वह स्त्री दो लड़कियां संग लिये आ रही है।

मैकू ने देखा कि एक स्त्री चादर ओढ़े, छोटी-छोटी कन्याएं संग लिए चली आ रही है। कन्याओं का एकसा रंगरूप है, भेद केवल यह है कि उनमें एक लंगड़ी है। बुढ़िया भीतर आयी तो माधो ने पूछा- माई, क्या काम है?

उसने कहा- इन लड़कियों के जूते बना दो।

माधो बोला- बहुत अच्छा।

वह नाप लेने लगा तो देखा कि मैकू इन लड़कियों को इस प्रकार ताक रहा है, मानो पहले कहीं देखा है।

बुढ़िया- इस लड़की का एक पांव लुंजा है, एक नाप इसका ले लो। बाकी तीन पैर एक जैसे हैं। ये लड़कियां जुड़वां हैं।

माधो- (नाप लेकर) यह लंगड़ी कैसे हो गई, क्या जन्म से ही ऐसी है?

बुढ़िया- नहीं, इसकी माता ने ही इसकी टांग कुचल दी थी।

मालती- तो क्या तुम इनकी माता नहीं हो?

बुढ़िया- नहीं, बहन, न इनकी माता हूँ, न सम्बन्धी। ये मेरी कन्याएं नहीं। मैंने इन्हें पाला है।

मालती- तिस पर भी तुम इन्हें बड़ा प्यार करती हो?

बुढ़िया- प्यार क्यों न करूँ, मैंने अपना दूध पिला-पिलाकर इन्हें बड़ा किया है। मेरा अपना भी बालक था, परन्तु उसे परमात्मा ने ले लिया।

मुझे इनके साथ उससे भी अधिक प्रेम है।

मालती- तो ये किसकी कन्याएं हैं?

बुढ़िया- छह वर्ष हुए कि एक सप्ताह के अंदर इनके माता-पिता का देहांत हो गया। पिता की मंगल के दिन मृत्यु हुई, माता की शुक्रवार को। पिता के मरने के तीन दिन पीछे ये पैदा हुई। इनके माँ-बाप मेरे पड़ोसी थे। इनका पिता लकड़हारा था। जंगल में लकड़ियां काटते वृक्ष के नीचे दबकर मर गया। उसी सप्ताह में इनका जन्म हुआ। जन्म होते ही माता भी चल बसी। दूसरे दिन जब मैं उससे मिलने गयी तो देखा कि बेचारी मरी पड़ी है। मरते समय

करवट लेते हुए इस कन्या की टांग उसके नीचे दब गई। गांव वालों ने उसका दाहकर्म किया। इनके माता-पिता रंक थे, कौड़ी पास न थी। सब लोग सोचने लगे कि कन्याओं का कौन पाले। उस समय वहां मेरी गोद में दो महीने का बालक था। सबने यही कहा कि जब तक कोई प्रबन्ध न हो, तुम्हीं इनको पालो। मैंने इन्हें संभाल लिया। पहले-पहल मैं इस लंगड़ी को दूध नहीं पिलाया करती थी, क्योंकि मैं समझती थी कि यह मर जायेगी, पर फिर मुझे इस पर दया आ गई और इसे भी दूध पिलाने लगी। उस समय परमात्मा की कृपा से मेरी छाती में इतना दूध था कि तीनों बालकों को पिलाकर भी बह निकलता था। मेरा बालक मर गया, ये दोनों पल गई। हमारी दशा पहले से अब बहुत अच्छी है। मेरा पति एक बड़े कारखाने में नौकर है। मैं इन्हें प्यार कैसे न करूँ, ये तो मेरा जीवनआधार हैं।

यह कहकर बुढ़िया ने दोनों लड़कियों को छाती से लगा लिया।

मालती- सत्य है, मनुष्य माता-पिता के बिना जी सकता है, परन्तु ईश्वर के बिना जीता नहीं रह सकता।

ये बातें हो रही थीं कि सारा झोपड़ा प्रकाशित हो गया। सबने देखा कि मैकू कोने में बैठा हँस रहा है।

7

बुढ़िया लड़कियों को लेकर बाहर चली गयी, तो मैकू ने उठकर माधो और मालती को प्रणाम किया और बोला- स्वामी, अब मैं विदा होता हूँ। परमात्मा ने मुझ पर दया की। यदि कोई भूलचूक हुई हो तो क्षमा करना।

माधो और मालती ने देखा कि मैकू का शरीर तेजोमय हो रहा है।

माधो दंडवत करके बोला- मैं जान गया कि तुम साधारण मनुष्य नहीं। अब मैं तुम्हें नहीं रख सकता, न कुछ पूछ सकता हूँ। केवल यह बता दो कि जब मैं तुम्हें अपने घर लाया था तो तुम बहुत उदास थे। जब मेरी स्त्री ने तुम्हें भोजन दिया तो तुम हँसे। जब वह धनी आदमी बूट बनवाने आया था तब तुम हंसे। आज लड़कियों के संग बुढ़िया आयी, तब तुम हँसे। यह क्या भेद है? तुम्हारे मुख पर इतना तेज क्यों है?

मैकू- तेज का कारण तो यह है कि परमात्मा ने मुझ पर दया की, मैं अपने कर्मों का फल भोग चुका। ईश्वर ने तीन बातों को समझाने के लिए मुझे इस मृतलोक में भेजा था, तीनों बातें समझ गया। इसलिए मैं तीन बार हंसा। पहली बार जब तुम्हारी स्त्री ने मुझे भोजन दिया, दूसरी बार धनी पुरुष के आने पर, तीसरी बार आज बुढ़िया की बात सुनकर।

माधो- परमेश्वर ने यह दंड तुम्हें क्यों दिया था? वे तीन बातें कौनसी हैं, मुझे भी बतलाओ?

मैकू- मैंने भगवान की आज्ञा न मानी थी, इसलिए यह दंड मिला था। मैं देवता हूँ, एक समय भगवान ने मुझे एक स्त्री की जान लेने के लिए मृत्युलोक में भेजा। जाकर देखता हूँ कि स्त्री अति दुर्बल है और भूमि पर पड़ी है। पास तुरन्त की जन्मी दो जुड़वां लड़कियां रो रही हैं। मुझे यमराज का दूत जानकर वह बोली- मेरा पति वृक्ष के नीचे दबकर मर गया है। मेरे न बहन है, न माता, इन लड़कियों का कौन पालन करेगा? मेरी जान न निकाल, मुझे इन्हें पाल लेने दे। बालक माता-पिता बिना पल नहीं सकता। मुझे उसकी बातों पर दया आ गई। यमराज के पास लौट आकर मैंने निवेदन किया कि महाराज, मुझे स्त्री की बातें सुनकर दया आ गई। उसकी जुड़वां

लड़कियों को पालने वाला कोई नहीं था, इसलिए मैंने उसकी जान नहीं निकाली, क्योंकि बालक माता- पिता के बिना पल नहीं सकता। यमराज बोले- जाओ, अभी उसकी जान निकाल लो, और जब तक ये तीन बातें न जान लोगे कि (1) मनुष्य में क्या रहता है, (2) मनुष्य को क्या नहीं मिलता, (3) मनुष्य का जीवनआधार क्या है, तब तक तुम स्वर्ग में न आने पाओगे। मैंने मृत्युलोक में आकर स्त्री की जान निकाल ली। मरते समय करवट लेते हुए उसे एक लड़की की टांग कुचल दी। मैं स्वर्ग को उड़ा, परन्तु आंधी आयी मेरे पंख उखड़ गए और मैं मन्दिर के पास आ गिरा।

8

अब माधो और मालती समझ गए कि मैकू कौन है। दोनों बड़े प्रसन्न हुए कि अहोभाग्य, हमने देवता के दर्शन किए।

मैकू ने फिर कहा- जब तक मनुष्य ने मनुष्यशरीर धारण नहीं किया था, मैं शीतगमी, भूखप्यास का कष्ट न जानता था, परन्तु मृत्युलोक में आने पर प्रकट हो गया कि दुःख क्या वस्तु है। मैं भूख और जाड़े का मारा मन्दिर में घुसना चाहता था, लेकिन मंन्दिर बंद था। मैं हवा की आड़ में सड़क पर बैठ गया। संध्यासमय एक मनुष्य आता दिखाई दिया। मृत्युलोक में जन्म लेने पर यह पहला मनुष्य था, जो मैंने देख था, उसका मुख ऐसा भयंकर था कि मैंने नेत्र मूंद लिये। उसकी ओर देख न सका। वह मनुष्य यह कह रहा था कि स्त्रीपुत्रों का पालनपोषण किस भांति करें, वस्त्र कहां से लाये इत्यादि। मैंने विचारा, देखो, मैं तो भूख और शीत से मर रहा हूँ, यह अपना ही रोना रो रहा है, मेरी कुछ सहायता नहीं करता। वह पास से निकल गया। मैं निराश हो गया। इतने में मेरे पास लौट आया, अब दया के कारण उसका मुख सुंदर दिखने लगा। माधो, वह मनुष्य

तुम थे। जब तुम मुझे घर लाये, मालती का मुख तुमसे भयंकर था, क्योंकि उसमें दया का लेशमात्र न था, परन्तु जब वह दयालु होकर भोजन लायी तो उसके मुख की कठोरता जाती रही! तब मैंने समझा कि मनुष्य में तत्त्ववस्तु प्रेम है। इसीलिए पहली बार हँसा।

एक वर्ष पीछे वह धनी मनुष्य बूट बनवाने आया। उसे देखकर मैं इस कारण हँसा कि बूट तो एक वर्ष के लिए बनवाता है और यह नहीं जानता कि संध्या होने से पहले मर जाएगा। तब दूसरी बात का ज्ञान हुआ कि मनुष्य जो चाहता है सो नहीं मिलता, और मैं दूसरी बार हँसा।

छह वर्ष पीछे आज यह बुढ़िया आयी तो मुझे निश्चय हो गया कि सबका जीवन आधार परमात्मा है, दूसरा कोई नहीं, इसलिए तीसरी बार हँसा।

9

मैकू प्रकाशस्वरूप हो रहा था, उस पर आंख नहीं जमती थी। वह फिर कहने लगा- देखो, प्राणि मात्र प्रेम द्वारा जीते हैं, केवल पोषण से कोई नहीं जी सकता। वह स्त्री क्या जानती थी कि उसकी लड़कियों को कौन पालेगा, वह धनी पुरुष क्या जानता था कि गाड़ी में ही मर जाऊंगा, घर पहुंचना कहां! कौन जानता था कि कल क्या होगा, कपड़े की जरूरत होगी कि कफन की।

मनुष्य शरीर में मैं केवल इस कारण जीता बचा कि तुमने और तुम्हारी स्त्री ने मुझसे प्रेम किया। वे अनाथ लड़कियां इस कारण पलीं कि एक बुढ़िया ने प्रेमवश होकर उन्हें दूध पिलाया। मतलब यह है कि प्राणी केवल अपने जतन से नहीं जी सकते। प्रेम ही उन्हें जिलाता है। पहले मैं समझता था कि जीवों का धर्म केवल जीना है,

परन्तु अब निश्चय हुआ कि धर्म केवल जीना नहीं, किन्तु प्रेमभाव से जीना है। इसी कारण परमात्मा किसी को यह नहीं बतलाता कि तुम्हें क्या चाहिए, बल्कि हर एक को यही बतलाता है कि सबके लिए क्या चाहिए। वह चाहता है कि प्राणि मात्र प्रेम से मिले रहें। मुझे विश्वास हो गया कि प्राणों का आधार प्रेम है, प्रेमी पुरुष परमात्मा में, और परमात्मा प्रेमी पुरुष में सदैव निवास करता है। सारांश यह है कि प्रेम और परमेश्वर में कोई भेद नहीं।

यह कहकर देवता स्वर्गलोक को चला गया।

मूर्ख सुमंत

एक समय एक गांव में एक धनी किसान रहता था। उसके तीन पुत्र थे- विजय सिपाही, तारा वणिक, सुमंत मूर्ख। गूंगी बहरी मनोरमा नाम की एक कुंवारी कन्या भी थी। विजय तो जाकर किसी राजा की सेना में भर्ती हो गया। तारा ने किसी प्रसिद्ध नगर में सौदागरी की कोठी खोल ली। मूर्ख समुन्त और मनोरमा माता-पिता के पास रहकर खेती का काम करने लगे।

विजय ने सेना में ऊँची पदवी प्राप्त करके एक इलाका मोल ले लिया और एक मालदार पुरुष की कन्या से विवाह कर लिया। उसकी आमदनी का कुछ ठिकाना न था, परन्तु फिर भी कुछ न बचता था।

विजय एक समय इलाके पर पहुंचकर किसानों से बटाई मांगने लगा। किसान बोले कि महाराज हमारे पास न बैल हैं, न हल, न बीज। बटाई कहां से दें? पहले यह सामग्री जमा कर दो, फिर आपको इलाके से बहुत अच्छी आमदनी होने लगेगी। यह सुनकर विजय अपने पिता के पास पहुंचा और बोला- पिताजी, इतना धनी होने पर भी आपने मेरी कुछ सहायता नहीं की। मैंने सेना में काम

किया और राजा को प्रसन्न कर एक इलाका मोल लिया। उसके बन्धन के लिए धन की जरूरत है। मैं तीसरे भाग का हिस्सेदार हूँ, इसलिए मेरा भाग मुझे दे दीजिए कि अपना इलाका ठीक करूँ।

पिता- भला मैं पूछता हूँ कि तुमने नौकरी पर रहते हुए कभी कुछ धन भी भेजा? सब काम सुमंत करता है। मेरी समझ में तुम्हें तीसरा भाग देना सुमंत और मनोरमा के साथ अन्याय करना है।

विजय- सुमंत तो मूर्ख है। मनोरमा गूंगी और बहरी है। उन्हें धन का क्या काम है। वे धन से क्या लाभ उठा सकते हैं?

पिता- अच्छा, सुमंत से पूछ लूं।

पिता के पूछने पर सुमंत ने प्रसन्नतापूर्वक यही कहा कि विजय को उसका तीसरा भाग दे देना चाहिए।

विजय तीसरा भाग लेकर राजा के पास चला गया।

तारा ने भी व्यापार में बहुत धन संचय करके एक धनी पुरुष की पुत्री से विवाह किया। परन्तु धन की लालसा फिर भी बनी रही। वह भी पिता के पास आकर तीसरा भाग मांगने लगा।

पिता- मैं तुम्हें एक कौड़ी भी देना नहीं चाहता। विचारो तो, तुमने सौदागरी की कोठी खोलकर इतना धन इकट्ठा किया, कभी पिता को भी पूछा? यहां जो कुछ है, सब सुमंत की कमाई का फल है। उसका पेट काटकर तुम्हें दे देना अनुचित है।

तारा- मूर्ख सुमंत को धन लेकर करना ही क्या है? आपके विचार में सुमंत जैसे मूर्ख से कोई भी पुरुष अपनी कन्या ब्याह देगा? कदापि नहीं! रही मनोरमा, वह गूंगी और बहरी है। मैं सुमंत से पूछ लेता हूँ कि वह क्या कहता है!

तारा के पूछने पर सुमंत ने तीसरा भाग देना तुरन्त स्वीकार कर लिया और तारा भी अपना भाग लेकर चम्पत हुआ। सुमंत के पास जो कुछ सामान बच रहा, उसी से खेती का काम करके माता-पिता की सेवा करने लगा।

2

यह कौतुक देखकर अधर्म बड़ा दुःखी हुआ कि भाइयों ने प्रीति सहित धन बांट लिया। जूतीपैजार कुछ भी न हुई। तीन भूतों को बुलाकर कहने लगा- देखो विजय, तारा, सुमंत तीन भाई हैं। धन बांटते समय उन्हें आपस में झगड़ा करना उचित था, परन्तु मूर्ख सुमंत ने सब काम बिगाड़ डाला। उसी की मूर्खता से तीनों भाई आनन्द से जीवन व्यतीत कर रहे हैं। तुम जाओ और एक-एक के पीछे पड़कर ऐसा उत्पात मचाओ कि सबके-सब आपस में लड़ मरें। देखना, बड़ी चतुराई से काम करना।

तीनों भूत- धमार्वतार! जो तीनों को आपस में लड़ा- लड़ाकर मार न डाला, तो हमारा नाम अधर्मराज के भूत ही नहीं।

अधर्म- वाह वाह, शाबास! जाओ, मगर जो बिना काम पूरा किए लौटे तो खाल खींच लूंगा। इतना समझ लो।

तीनों भूत चलकर एक झील के किनारे बैठ गए और यह निश्चय किया कि कौन कौन किस-किस भाई के पीछे लगे और साथ ही नियम बांध दिया कि जिस भूत का कार्य पहले समाप्त हो जाए, वह तुरन्त दूसरे भूतों की सहायता करे।

कुछ दिन पीछे वे तीनों फिर उसी झील पर जमा हुए और अपनी-अपनी कथा कहने लगे।

पहला- भाई साहब, मेरा काम तो बन गया। विजय भागकर पिता की शरण लेने के सिवाय अब और कुछ नहीं कर सकता।

दूसरा- बताओ तो उसे कैसे फांसा?

पहला- मैंने विजय को इतना घमंडी बना दिया कि वह एक दिन राजा से कहने लगा कि महाराज, यदि आप मुझे सेनापति की पदवी पर नियत कर दें तो मैं आपको सारे जगत का चक्रवर्ती राजा बना दूं। राजा ने उसे तुरन्त सेनापति बनाकर आज्ञा दी कि लंका के राजा को पराजित कर दो। बस फिर क्या था, लगी युद्ध की तैयारियां होने। लड़ाई छिड़ने से एक रात पहले मैंने विजय का सारा बारूद गीला कर दिया। उधर लंका के राजा के लिए घास के अनगिनत सिपाही बना दिये। दोनों सेनाओं के सम्मुख होने पर विजय के सिपाहियों ने घास के बने हुए अनन्त योद्धाओं को देखा तो उनके छक्के छूट गए। विजय ने गोले फेंकने का हुक्म दिया। बारूद गीली हो ही चुकी थी, तोपें आग कहां से देतीं? फल यह हुआ कि विजय की सेना को भागना ही पड़ा। राजा ने क्रोध करके उसका बड़ा अपमान किया। उसका इलाका छिन गया। इस समय वह बन्दीखाने में कैद है। बस, केवल यह काम शेष रह गया, कि उसे बन्दीखाने से निकालकर उसको पिता के घर पहुंचा दूं। फिर छुट्टी है, जो चाहे उसकी सहायता के लिए तैयार हूँ।

दूसरा- मेरा कार्य भी सिद्ध हो गया है। तुम्हारी सहायता की कोई आवश्यकता नहीं। तारा को पहले तो मोटा करके आलसी बनाया। फिर इतना लोभी बना दिया कि वह संसारभर का माल ले-लेकर कोठरी भरने लगा। उसकी खरीद अभी तक जारी है। उसका सब धन खर्च हो गया और अब उधार रुपया लेकर माल ले रहा है। एक सप्ताह में उसका सब माल सत्यानाश कर दूंगा और तब उसे सिवाय पिता की शरण जाने के और कोई उपाय न रहेगा।

तीसरा- भाई, हमारा हाल तो बड़ा पतला है। पहले मैंने सुमंत के पीने के पानी में पेट में दर्द उत्पन्न करने वाली बूटी मिलायी, फिर खेत में जाकर धरती को ऐसा कड़ा कर दिया कि उस पर हल न चल सके। मैं समझता था कि पीड़ा के कारण वह खेत बाहने न आएगा। परन्तु वह तो बड़ा ही मूर्ख है। आया और हल चलाने लगा। हाय-हाय करता जाता था, परन्तु हल हाथ से न छोड़ता था। मैंने हल तोड़ दिया, वह घर जाकर दूसरा ले आया। मैंने धरती में घुसकर हल की आनी पकड़ ली, उसने ऐसा धक्का मारा कि मेरे हाथ कटते-कटते बचे। उसने केवल एक टुकड़े के सिवाय बाकी सारा खेत बाह लिया है। यदि तुम मेरी सहायता न करोगे तो सारा खेल बिगड़ जाएगा क्योंकि यदि वह इस प्रकार खेतों को बाहता और बोता रहा, तो उसके भाई भूखे नहीं मर सकते। फिर बैरभाव किस भांति उत्पन्न हो सकता है? सुखपूर्वक उनका पालन-पोषण करता रहेगा।

पहला- कुछ चिंता नहीं। देखा जाएगा। घबराओ नहीं। कल अवश्य तुम्हारे पास आऊँगा।

3

सुमंत हल चला रहा था, अचानक पैर एक झाड़ी में फंस गया। उसे अचम्भा हुआ कि खेत में तो कोई झाड़ी न थी, यह कहां से आयी। बात यह थी कि भूत ने झाड़ी बनाकर सुमंत की टांग पकड़ ली थी।

सुमंत ने हाथ डालकर झाड़ी को जड़ से उखाड़ डाला, देखा तो उसमें काले रंग का एक भूत बैठा हुआ है।

सुमंत (गला दबाकर) बोला, दबाऊं गला?

भूत- मुझे छोड़ दो। मुझसे जो कहोगे, वही करूँगा।

सुमंत- तुम क्या कर सकते हो?

भूत- सब कुछ।

सुमंत- मेरे पेट में दर्द हो रहा है, उसे अच्छा कर दो।

भूत- बहुत अच्छा।

भूत ने धरती में से तीन बूटियां लाकर एक बूटी सुमंत को खिला दी, दर्द बंद हो गया और दूसरी दो बूटियां सुमंत को देकर बोला- जिसको एक बूटी खिला दोगे, उसके सब रोग तत्काल दूर हो जायेंगे। अब मुझे जाने की आज्ञा दो। मैं फिर कभी न आऊँगा।

सुमंत- हां, जाओ, परमात्मा तुम्हारा भला करे।

परमात्मा का नाम सुनते ही भूत रसातल चला गया। केवल वहां एक छेद रह गया।

सुमंत ने दूसरी दो बूटियां पगड़ी में बांध लीं और घर चला आया, देखा कि विजय और उसकी स्त्री आये हुए हैं। बड़ा प्रसन्न हुआ।

विजय बोला- भाई सुमंत, जब तक मुझे नौकरी न मिले, तुम हम दोनों को यहां रख सकते हो?

सुमंत- क्यों नहीं, आपका घर है। आप आनन्द से रहिए।

भोजन करते समय विजय की सभ्य स्त्री पति से बोली कि सुमंत के शरीर से मुझे दुर्गन्ध आती है, इसे बाहर भेज दो।

विजय- सुमंत, मेरी स्त्री कहती है कि तुम्हारे शरीर से दुर्गन्ध आती है। पास बैठा नहीं जाता। तुम बाहर जाकर भोजन कर लो।

सुमंत- बहुत अच्छा, तुम्हें कष्ट न हो।

4

दूसरे दिन विजय वाला भूत खेत में आकर सुमंत वाले भूत को खोजने लगा। कहीं पता नहीं मिला, खेत के एक कोने पर छेद दिखाई दिया।

भूत जान गया कि साथी काम आया और खेत जुत चुका। क्या हुआ, चरावर में चलकर इस मूर्ख को देखता हूँ। सुमंत के चरावर में पहुंचकर उसने इतना पानी छोड़ा कि सारी घास उसमें डूब गई।

इतने में सुमंत वहां आकर हंसुवे से घास काटने लगा। हंसुवे का मुंह मुड़ गया, घास किसी तरह न कटती थी। सुमंत ने सोचा कि यहां वृथा समय गंवाने से क्या लाभ होगा, पहले हंसुवा तेज करना चाहिए। रहा काम, यह तो मेरा धर्म है। एक सप्ताह क्यों न लग जाए, मैं घास काटे बिना यहां से चला जाऊँ मेरा नाम सुमंत नहीं।

सुमंत घर जाकर हंसुवा ठीक कर लाया। भूत ने हंसुवा को पकड़ने का साहस किया, परंतु पकड़ न सका, क्योंकि सुमंत लगातार घास काटे जाता था। जब केवल घास का एक छोटा-सा टुकड़ा शेष रह गया तो भूत भागकर उसमें जा छिपा।

सुमंत कब रुकने वाला था! वह वहां पहुंचकर घास काटने लगा। भूत वहां से भागा, भागते समय उसकी पूंछ कट गई।

भूत ने विचारा कि चलो, जयी के खेतों में चलें, देखें जयी कैसे काटता है। वहां जाकर देखा तो जयी कटी पड़ी है।

भूत ने विचार किया कि यह मूर्ख बड़ा चांडाल है। दिन निकलने नहीं दिया। रातोंरात में सारी जयी काट डाली। यह दुष्ट तो रात को भी काम में लगा रहता है। अच्छा, खलिहान में चलकर इसका भूसा सड़ाता हूँ।

भूत भागकर चरी में छिप गया। सुमंत गाड़ी लेकर चरी लादने के लिए खलिहान में पहुंचा। एकएक पूली उठाकर गाड़ी में रखने लगा कि एक पूला में से भूत निकल पड़ा।

सुमंत- अरे दुष्ट, तू फिर आया?

भूत- मैं दूसरा हूँ, पहला मेरा भाई था।

सुमंत- कोई हो, अब जाने न पाओगे।

भूत- कृपा करके मुझे छोड़ दीजिए। आप जो आज्ञा दें, वही करने को तैयार हूँ।

सुमंत- तुम क्या कर सकते हो?

भूत- मैं भूसे के सिपाही बना सकता हूँ।

सुमंत- सिपाही क्या काम देते हैं?

भूत- तुम उनसे जो चाहो, सो काम करा सकते हो।

सुमंत- वे गाना गा सकते हैं?

भूत- क्यों नहीं!

सुमंत- अच्छा, बनाओ।

भूत- तुम चरी के पूले लेकर यह मंत्र पढ़ो- "हे पूले, मेरी आज्ञा से सिपाही बन जा" और फिर पूले को धरती पर मारो, सिपाही बन जाएगा।

सुमंत ने वैसा ही किया, पूले सिपाही बनने लगे। यहां तक कि पूरी पलटन बन गई और मरू बाजा बजने लगा।

सुमंत (हँसकर) वाह भाई, वाह! यह तो खूब तमाशा है, इसे देखकर बालक बहुत प्रसन्न होंगे।

भूत- आज्ञा है, अब जाऊँ?

सुमंत- नहीं, अभी मुझे फिर पूले बना देने का मंत्र भी सिखा दो, नहीं तो ये हमारा सारा अनाज ही चट कर जायेंगे।

भूत बस, यह मंत्र पढ़ो- "हे सिपाही, मेरे सेवक, मेरी आज्ञा से फिर पूले बन जाओ।" तब यह सब फिर पूले बन जायेंगे।

सुमंत ने मंत्र पढ़ा, सबके सब पूले बन गए।

भूत- अब जाऊं? आज्ञा है।

सुमंत- हां जाओ, भगवान तुम पर दया करे।

भगवान का नाम सुनते ही भूत धरती में समा गया। पहले की भांति एक छेद शेष रह गया।

सुमंत जब घर लौटा तो देखा कि स्त्री सहित मंझला भाई तारा आया हुआ है। वह सुमंत से बोला- भाई सुमंत, लेहनेदारों के डर से भागकर तुम्हारे पास आये हैं। जब तक कोई रोजगार न करें, यहां ठहर सकते हैं कि नहीं?

सुमंत- क्यों नहीं, घर किसका और मैं किसका? आप आनंद से रहिए।

भोजन परसे जाने पर तारा की स्त्री ने तारा से कहा कि मैं गंवार के पास बैठकर भोजन नहीं कर सकती।

तारा- भाई सुमंत, मेरी स्त्री तुमसे घिन करती है। बाहर जाकर भोजन कर लो।

सुमंत- अच्छी बात है। आपका चित्त प्रसन्न चाहिए।

5

दूसरे दिन तारा वाला भूत सुमंत को दुःख देने के वास्ते खेत में पहुंचकर साथियों का ढूंढने लगा, पर किसी का पता न चला। खोजते-खोजते एक छेद तो खेत के कोने में मिला, दूसरा खलिहान में। उसे मालूम हो गया कि दोनों के दोनों यमलोक जा पहुंचे। अब मुझी से इस मूर्ख की बनेगी। देखूं कहां बचकर जाता है।

अतएव वह सुमंत की खोज लगाने लगा। सुमंत उस समय मकान बनाने के वास्ते जंगल में वृक्ष काट रहा था। दोनों भाइयों के आ जाने से घर में आदमियों के लिए जगह न थी। भाई यह चाहते थे कि अलग-अलग मकान में रहे, इसलिए मकान बनाना आवश्यक हो गया था।

भूत वृक्ष पर चढ़कर शाखाओं में बैठ, सुमंत के काम में विघ्न डालने लगा। सुमंत कब टलने वाला था, संध्या होते-होते उसने कई वृक्ष काट डाले। अंत में उसने उस वृक्ष को भी काट दिया, जिस पर भूत चढ़ा बैठा था। टहनियां काटते समय भूत उसके हाथ में आ गया।

सुमंत- हैं! तुम फिर आ गए?

भूत- नहीं-नहीं, मैं तीसरा हूँ। पहले दोनों मेरे भाई थे।

सुमंत- कुछ भी हो, अब मैं नहीं छोड़ने का।

भूत- तुम जो कुछ कहोगे, वही करूँगा। कृपा करके मुझे जान से न मारिए।

सुमंत- तुम क्या कर सकते हो?

भूत- मैं वृक्ष के पत्तों से सोना बना सकता हूँ।

सुमंत- अच्छा, बनाओ।

भूत ने वृक्ष के सूखे पत्ते लेकर हाथ से मले और मंत्र पढ़कर सोना बना दिया। सुमंत ने मंत्र सीख लिया और सोना देखकर प्रसन्न हुआ।

सुमंत- भाई भूत, इसका रंग तो बड़ा सुन्दर है, बालकों के खिलौने इसके अच्छे बन सकते हैं।

भूत- अब आज्ञा है, जाऊं?

सुमंत- जाओ, परमेश्वर तुम पर अनुग्रह करें।

परमेश्वर का नाम सुनते ही यह भूत भी भूमि में समा गया, केवल छेद ही छेद बाकी रह गया।

6

घर बनाकर तीनों भाई सुखपूर्वक जीवन व्यतीत करने लगे। जन्माष्टमी के त्योहार पर सुमंत ने भाइयों को भोजन करने को नेवता भेजा। उन्होंने उत्तर दिया कि हम गवारों के साथ प्रीतिभोज नहीं कर सकते।

सुमंत ने इस पर कुछ बुरा नहीं माना। गांव के स्त्री-पुरुष, बालक और बालिकाओं को एकत्र करके भोजन करने लगा।

भोजन करने के उपरांत सुमंत बोला- क्यों भाई मित्रो, एक तमाशा दिखलाऊँ?

सब- हां, दिखालाइए।

सुमंत ने सूखे पत्ते लेकर सोने का एक टोकरा भर दिया और लोगों की ओर फेंकने लगा। किसान लोग सोने के टुकड़े लूटने लगे। आपस में इतना धक्कामुक्की हुआ कि एक बेचारी बुढ़िया कुचल गई।

सुमंत ने सबको धिक्कार कर कहा- तुम लोगों ने बूढ़ी माता को क्यों कुचल दिया शांत हो जाओ तो और सोना दूं। यह कहकर टोकरी का सब सोना लुटा दिया। फिर सुमंत ने स्त्रियों से कहा कि कुछ गाओ। स्त्रियां गाने लगीं।

सुमंत- हूँ, तुम्हें गाना नहीं आता।

स्त्रियां- हमें तो ऐसा ही आता है, और अच्छा सुनना हो तो किसी और को बुला लो।

सुमंत ने तुरंत ही भूसे के सिपाही बनाकर पलटन खड़ी कर दी, बैंड बजने लगा। गंवार लोगों को बड़ा ही अचम्भा हुआ। सिपाही बड़ी देर तक गाते रहे, तब सुमंत ने उनको फिर भूसा बना दिया और सब लोग अपने-अपने घर चले गए।

7

प्रातःकाल विजय ने यह चर्चा सुनी तो हाँफता-हाँफता सुमंत के पास आया, बोला- भाई सुमंत, यह सिपाही तुमने किस रीति से बनाए थे?

सुमंत- क्यों? आपको क्या काम है?

विजय काम की एक ही कही। सिपाहियों की सहायता से तो हम राज्य जीत सकते हैं।

सुमंत- यह बात है! तुमने पहले क्यों नहीं कहा? खलिहान में चलिए, वहां चलकर जितने कहो, उतने सिपाही बना देता हूँ, परंतु शर्त यह है कि उन्हें तुरंत ही यहां से बाहर ले जाना, नहीं तो वे गांव का गांव चट कर जायेंगे।

अतएव खलिहान में जाकर उसने कई पलटने बना दीं और पूछा- बस कि और?

विजय- (प्रसन्न होकर) बस बहुत है, तुमने बड़ा एहसान किया।

सुमंत- एहसान की कौनसी बात है। अब के वर्ष भूसा बहुत हुआ है यदि कभी टोटा पड़ जाय तो फिर आ जाना, फिर सिपाही बना दूंगा।

अब विजय धरती पर पांव नहीं रखता था। सेना लेकर उसने तुरंत युद्ध करने के वास्ते प्रस्थान कर दिया।

विजय के जाते ही तारा भी आ पहुंचा और सुमंत से बोला- भाई साहब, मैंने सुना है कि तुम सोना बना लेते हो। हाय- हाय! यदि थोड़ा-सा सोना मुझे मिल जाए तो मैं सारे संसार का धन खींच लूं।

सुमंत- अच्छा, सोने में यह गुण है! तुमने पहले क्यों नहीं कहा? बतलाओ, कितना सोना बना दूं?

तारा- तीन टोकरे बना दो।

सुमंत ने तीन टोकरे सोना बना दिया।

तारा- आपने बड़ी दया की।

सुमंत- दया की कौन बात है, जंगल में पत्ते बहुत हैं। यदि कमी हो जाय तो फिर आ जाना, जितना सोना मांगोगे, उतना ही बना दूंगा।

सोना लेकर तारा व्यापार करने चल दिया।

विजय ने सेना की सहायता से एक बड़ा भारी राज्य विजय कर लिया। उधर तारा के धन का भी पारावार न रहा। एक दिन दोनों में मुलाकात हुई। बातें होने लगीं।

विजय- भाई तारा, मैंने तो अपना राज्य अलग बना लिया और अब चैन करता हूँ, परंतु इन सिपाहियों का पेट कहां से भरूँ? रुपये की कमी है, सदैव यही चिंता बनी रही है।

तारा- तो क्या आप समझते हैं कि मुझे चिन्ता नहीं है, मेरे धन की गिनती नहीं, पर उसकी रखवाली करने को सिपाही नहीं मिलते। बड़ी विपत्ति में पड़ा हूँ।

विजय- चलिए, सुमंत मूर्ख के पास चलें। मैं तुम्हारे वास्ते थोड़े से सिपाही बनवा दूं और तुम मेरे लिए थोड़ा- सा सोना बनवा दो।

तारा- हां, ठीक है, चलिए।

दोनों भाई सुमंत के पास पहुंचे।

विजय- भाई सुमंत, मेरी सेना में कुछ कमी है, कुछ सिपाही और बना दो।

सुमंत- नहीं, अब मैं और सिपाही नहीं बनाता।

विजय- पर तुमने वचन जो दिया था, नहीं तो मैं आता ही क्यों? कारण क्या है? क्यों नहीं बनाते?

सुमंत- कारण यह कि तुम्हारे सिपाहियों ने एक मनुष्य को मार डाला। कल जब मैं अपना खेत जोत रहा था, तो पास से एक अरथी देखी। मैंने पूछा, कौन मर गया? एक स्त्री ने कहा कि विजय के सिपाहियों ने युद्ध में मेरे पति को मार डाला। मैं तो आज तक केवल यह समझता था कि सिपाही बैंड बजाया करते हैं, परन्तु वे तो मनुष्य की जान मारने लगे। ऐसे सिपाही बनाने से तो संसार का नाश हो जाएगा।

तारा- अच्छा, यदि सिपाही नहीं बनाते, तो मेरे लिए सोना तो थोड़ा- सा और बना दो। तुमने वचन दिया था कि कमी हो जाने पर फिर बना दूंगा।

सुमंत- हां, वचन तो दिया था, पर मैं अब सोना भी न बनाऊँगा।

तारा- क्यों?

सुमंत- इसलिए कि तुम्हारे सोने ने बसंत की लड़की से उसकी गाय छीन ली।

तारा- यह कैसे?

सुमंत- बसंत की पुत्री के पास एक गाय थी। बालक उसका दूध पीते थे। कल वे बालक मेरे पास दूध मांगने आए। मैंने पूछा कि तुम्हारी गाय कहां गई, तो कहने लगे कि तारा का एक सेवक आकर तीन टुकड़े सोने के देकर हमारी गाय ले गया। मैं तो यह जानता था कि सोना, बनवा-बनवाकर तुम बालकों को बहलाया करोगे, परंतु तुमने तो उनकी गाय ही छीन ली। बस, सोना अब नहीं बन सकता।

दोनों भाई निराश होकर लौट पड़े। राह में यह समझौता हुआ कि विजय तारा को कुछ सिपाही दे दे और तारा विजय को कुछ सोना। कुछ दिन बाद धन के बल से तारा ने भी एक राज्य मोल ले लिया और दोनों भाई राजा बनकर आनंद करने लगे।

8

सुमंत गूंगी बहन के सहित खेती का काम करते हुए अपने माता-पिता की सेवा करने लगा। एक दिन उसकी कुतिया बीमार हो गई, उसने तत्काल पहले भूत की दी हुई बूटी उसे खिला दी। वह निरोग होकर खेलने-कूदने लगी। यह हाल देखकर माता-पिता ने इसका ब्यौरा पूछा। सुमंत ने कहा कि मुझे एक भूत ने दो बूटियां दी थीं। वह सब प्रकार के रोगों को दूर कर सकती हैं। उनमें से एक बूटी मैंने कुतिया को खिला दी।

उसी समय दैवगति से वहां के राजा की कन्या बीमार हो गई। राजा ने यह डोंडी पिटवायी थी कि जो पुरुष मेरी कन्या को अच्छा कर देगा, उसके साथ उसका विवाह कर दिया जाएगा। माता-पिता ने सुमंत से कहा कि यह तो बड़ा अच्छा अवसर है। तुम्हारे पास एक बूटी बची है। जाकर राजा की कन्या को अच्छा कर दो और उमर भर चैन करो।

सुमंत जाने पर राजी हो गया। बाहर आने पर देखा कि द्वार पर कंगाल बुढ़िया खड़ी है।

बुढ़िया- सुमंत, मैंने सुना है कि तुम रोगियों का रोग दूर कर सकते हो। मैं रोग के हाथों बहुत दिनों से कष्ट भोग रही हूँ। पेट को रोटियां मिलती ही नहीं, दवा कहां से करूँ? तुम मुझे कोई दवा दे दो तो बड़ा यश होगा।

सुमंत तो दया का भंडार था, बूटी निकालकर तुरंत बुढ़िया को खिला दी। वह चंगी होकर उसे आशीष देती हुई घर को चली गई।

माता- पिता यह हाल सुनकर बड़े दुःखी हुए और कहने लगे कि सुमंत, तुम बड़े मूर्ख हो। कहां राजकन्या और कहां यह कंगाल बुढ़िया! भला इस बुढ़िया को चंगा करने से तुम्हें क्या मिला?

सुमंत- मुझे राजकन्या के रोग दूर करने की भी चिन्ता है। वहां भी जाता हूँ।

माता- बूटी तो है ही नहीं, जाकर क्या करोगे?

सुमंत- कुछ चिन्ता नहीं, देखो तो सही क्या होता है।

समदर्शी पुरुष देवरूप होता है। सुमंत के राजमहल पर पहुंचते ही राजकन्या निरोग हो गई। राजा ने अति प्रसन्न होकर उसका विवाह सुमंत के साथ कर दिया।

इसके कुछ काल पीछे राजा का देहान्त हो गया। पुत्र न होने के कारण वहां का राज सुमंत को मिल गया।

अब तीनों भाई राजपदवी पर पहुंच गए।

9

विजय का प्रभाव सूर्य की भांति चमकने लगा। उसने भूसे के सिपाहियों से सचमुच के सिपाही बना दिए। राज्य भर में यह हुक्म जारी कर दिया कि दस घर पीछे एक मनुष्य सेना में भरती किया जाए और कवायद- परेड कराकर सेना को अस्त्र-शस्त्र विद्या में ऐसा चतुर कर दिया, कि जब कोई शत्रु सामना करता, तो वह तुरंत उसका विध्वंस कर देता। सारे राजा उसके भय से कांपने लगे, वह अखंड राज करने लगा।

तारा बड़ा बुद्धिमान था। उसने धन संचय करने के निमित्त मनुष्यों, घोड़ों, गाड़ियों, जूतों, जुराबों, वस्त्रों तात्पर्य यह कि जहां तक हो सका, सब व्यावहारिक वस्तुओं पर कर बैठा दिया। धन रखने को लोहे की सलाखों वाले पक्के खजाने बना दिये और चौरीचकारी, लूटमार, धन सम्बन्धी झगड़े बन्द करने के निमित्त अनगिनत कानून जारी कर दिए। संसार में रुपया ही सबकुछ है। रुपये की भूख से सब लोग आकर उसकी सेवा करने लगे।

अब सुमंत मूर्ख की करतूत सुनिए। ससुर का क्रियाकर्म करके उसने राजसी रत्नजटित वस्त्रों को उतारकर, सन्दूक में बन्द कर अलग धर दिए। मोटे-झोटे कपड़े पहन लिये और किसानों की भांति खेती का काम करने का विचार किया। बैठे-बैठे उसका जी ऊबता था।

भोजन न पचता, बदन में चर्बी बढ़ने लगी, नींद और भूख दोनों जाती रही। उसने अपनी गूंगी बहन और माता- पिता को अपने पास बुला लिया और ठीक पहले की भांति खेती का काम करना आरंभ कर दिया।

मंत्री- आप तो राजा हैं, आप यह क्या काम करते हैं!

सुमंत- तो क्या मैं भूखा मर जाऊं? मुझे तो काम के बिना भूख ही नहीं लगती। करूँ तो क्या करूँ?

दूसरा मंत्री- (सामने आकर) महाराज, राज्य का प्रबंध किस प्रकार किया जाए? नौकरों को तलब कहां से दें? रुपया तो एक नहीं।

सुमंत- यदि रुपया नहीं तो तलब मत दो।

मंत्री- तलब लिये बिना काम कौन करेगा?

सुमंत- काम कैसा, न करने दो। करने को खेतों में क्या काम थोड़ा है। खाद संभालना, समय पर खेती करना, यह सब काम ही हैं कि और कुछ?

इतने में एक मुकदमे वाले सामने आये।

किसान- महाराज, उसने मेरे रुपये चुरा लिये।

सुमंत- कोई बात नहीं, उसको रुपये की जरूरत होगी।

सब लोग जान गये कि सुमंत महामूर्ख है। एक दिन रानी बोली- प्राणनाथ, सब लोग यही कहते हैं कि आप मूर्ख हैं।

सुमंत- तो इसमें हानि ही क्या है?

रानी ने विचारा कि धर्मशास्त्र की यही आज्ञा है कि स्त्री का परमेश्वर पति है। जिसमें वह प्रसन्न रहे, वही काम करना धर्म है। अतएव वह भी राजा सुमंत के साथ खेती का काम करने लगी।

यह दशा देखकर बुद्धिमान पुरुष सबके सब अन्य देशों में चले गये। केवल मूर्ख ही मूर्ख यहां रह गए। इस राज्य में रुपया प्रचलित न था। राजा से लेकर रंक तक खेती का काम करते, आप खाते और दूसरों को खिलाकर प्रसन्न होते।

10

इधर अधर्मराज बैठे देख रहे हैं कि तीनों भाइयों का सर्वनाश करके भूत अब आते हैं, अब आते हैं परंतु वहां आता कौन? अधर्म को बड़ा आश्चर्य हुआ कि यह क्या बात हैं। अंत में सोच-विचारकर स्वयं खोज लगाने के लिए चला।

सुमंत के पुराने गांव में जाने पर ढूंढने से तीन छेद मिले। अधर्म को मालूम हो गया कि तीनों भूत मारे गए। वह भाइयों की खोज में चला। जाकर देखा तो तीनों भाई राजा बने बैठे हैं। फिर क्या था, जल-भुनकर राख ही तो हो गया। दांत पीसकर बोला- देखूं यह सब मेरे हाथ से बचकर कहां जाते हैं? वह एक सेनापति का वेश बदलकर पहले विजय के पास पहुंचा और हाथ जोड़कर विनय की महाराज, मैंने सुना है कि आप महा शूरवीर हैं। मैं अस्त्र-शस्त्र विद्या में अति निपुण हूँ। इच्छा है कि आपकी सेवा करके अपना गुण प्रकट करूँ।

विजय उसकी चितवनों से ताड़ गया कि आदमी चतुर और बुद्धिमान है, उसे झट सेनापति की पदवी पर नियुक्त कर दिया।

नवीन सेनापति सेना को बढ़ाने का प्रबन्ध करने लगा। विजय से बोला- महाराज, मेरे ध्यान में राज्य में बहुत लोग ऐसे हैं जो कुछ नहीं करते। राज्य की स्थिरता सेना से ही होती है। इसलिए एक तो सब युवक पुरुषों को रंगरूट भरती करके सेना पहले से पांचगुनी कर

देनी चाहिए, दूसरे नये नमूने की बन्दूकें और तोपें बनाने के वास्ते राजधानी में कारखाने खोलने चाहिए। मैं एक फायर में सौ गोली चलाने वाली बन्दूक और घोड़े, मकान, पुल इत्यादि नष्ट कर देने वाली तोपें बना सकता हूँ।

विजय ने प्रसन्नतापूर्वक झट सारी राजधानी में एक आज्ञापत्र जारी कर दिया कि सब लोग रंगरूट भरती किए जायं। नये नमूने की तोपें और बंदूकें बनाने के वास्ते जगह-जगह कारखाने खोल दिए। युद्ध की समस्त सामग्री जमा होने पर पहले उसने पड़ोसी राजा को जीता, फिर मैसूर के राजा पर चढ़ाई का डांका बजा दिया।

पर सौभाग्य से मैसूर के राजा ने विजय का सारा वृत्तांत सुन रखा था। विजय ने तो पुरुषों को ही भरती किया था, उसने स्त्रियों को भी सेना में भरती कर लिया। नये से नये नमूने की बन्दूकें और तोपें बना डालीं, सेना विजय से चौगुनी कर दी और नवीन कल्पना यह की कि बम के ऐसे गोले बनाए जाएँ जो आकाश से छोड़े जाएं और धरती पर फटकर शत्रु की सेना का नाश कर दें।

विजय ने समझा था कि पड़ोसी राजा की भांति क्षण में मैसूर के राजा को जीतकर उसका राज्य छीन लूंगा, परन्तु यहां रंगत ही कुछ और हुई। सेना अभी गोली की मार में भी नहीं पहुंची थी कि शत्रु की सेना की स्त्रियों ने आकाश से बम के गोले बरसाने आरम्भ कर दिए विजय की सारी सेना काई की भांति फट गई। आधी वहीं काम आयी, आधी भयभीत होकर भाग गयी। विजय अकेला क्या कर सकता था? भागते ही बनी। मैसूर के राजा ने उसके राज्य पर अपना अधिकार कर लिया।

विजय का सर्वनाश करके अधर्म तारा के राज्य में पहुंचा और सौदागर का वेश धारण करके वहां एक कोठी खोल दी। जो पुरुष

कोई माल बेचने आता, उसे चौगुने-पचगुने दाम पर ले लेता। शीघ्र ही वहां की प्रजा मालदार हो गई। तारा यह हाल देखकर बड़ा प्रसन्न हुआ और कहने लगा कि व्यापार बड़ी वस्तु है। इस सौदागर के आने से मेरा कोष धन से भर गया। किसी बात की कमी नहीं रही।

अब तारा ने एक महल बनाना शुरू किया। उसे विश्वास था कि रुपये के लालच से राज, मजदूर, मसाला सब कुछ सामग्री शीघ्र ही मिल जायेगी कोई कठिनाई न होगी। परन्तु राजा का महल बनाने के वास्ते कोई न आया। अधर्म सौदागर के पास रुपये की गिनती न थी। उसकी अपेक्षा राजा उससे अधिक मजूरी और दाम नहीं दे सकता। उसका महल न बन सका। तारा को साधारण मकान में ही रहना पड़ा।

इसके पीछे उसने एक बाग लगाना आरम्भ किया। उस सौदागर ने तालाब खुदवाना शुरू कर दिया। सब लोग रुपया अधिक होने के कारण सौदागर के वश में थे। राजा का काम कोई न करता था। बाग भी बीच में ही रह गया। शीतकाल आने पर तारा ने ऊनी वस्त्र आदि खरीदने का विचार किया। सारा संसार छान डाला। जहां पूछा, यही उत्तर मिला कि सौदागर ने कोई वस्त्र नहीं छोड़ा, सारे के सारे खरीदकर ले गया।

यहां तक कि रुपये के प्रभाव से अधर्म ने राजा के सब नौकर अपने पास खींच लिये। राजा भूखा मरने लगा। क्रुद्ध होकर उसने सौदागर को अपनी राजधानी से निकाल दिया। अधर्म ने सीमा पर जाकर डेरा जमाया।

तारा को कुछ करते-धरते नहीं बनता था। उसे उपवास किए तीन दिन बीत चुके थे कि विजय आकर सम्मुख खड़ा हो गया।

विजय- भाई तारा, मैं तो मर चुका। मेरी सेना, राजपाट सब नष्ट हो गया। मैसूर के राजा ने मेरी राजधानी पर अपना अधिकार कर लिया, भागकर तुम्हारे पास आया हूँ, मेरी कुछ सहायता कीजिए।

तारा- सहायता की एक ही कही। यहां आप अपनी जान पर आ बनी है। उपवास किये तीन दिन हो चुके हैं, खाने को अन्न तक तो मिलता नहीं, तुम्हारी सहायता किस प्रकार करूँ?

राजपूत कैदी

1

धर्म सिंह नामी राजपूत राजपूताना की सेना में एक अफसर था। एक दिन माता की पत्नी आई कि मैं बूढ़ी होती जाती हूँ, मरने से पहले एक बार तुम्हें देखने की अभिलाषा है, यहाँ आकर मुझे विदा कर आशीर्वाद लो और क्रिया कर्म करके आनंदपूर्वक नौकरी पर लौट जाना। तुम्हारे वास्ते मैंने एक कन्या खोज रखी है, वह बड़ी बुद्धिमती और धनवान है। यदि तुम्हें भाये तो उससे विवाह करके सुखपूर्वक घर ही पर रहना।

उसने सोचा- ठीक है, माता दिनों-दिन दुर्बल होती जा रही है, संभव है कि फिर मैं उसके दर्शन न कर सकूँ। इस कारण चलना ही ठीक है। कन्या यदि सुंदर हुई तो विवाह करने में क्या हानि है। वह सेनापति से छुट्टी लेकर, साथियों से विदा हो, चलने को प्रस्तुत हो गया।

उस समय राजपूतों और मरहठों में युद्ध हो रहा था। रास्ते में सदैव भय रहता था। यदि कोई राजपूत अपना किला छोड़कर

कुछ दूर बाहर निकल जाता था, तो मरहठे उसे पकड़कर कैद कर लेते थे। इस कारण यह प्रबंध किया गया था कि सप्ताह में दो बार सिपाहियों की एक कंपनी मुसाफिरों को एक किले से दूसरे किले तक पहुँचा आया करती थी।

गरमी की रात थी। दिन निकलते ही किले के नीचे असबाब की गाड़ियाँ लाद कर तैयार हो गई। सिपाही बाहर आ गए और सबने सड़क की राह ली। धर्म सिंह घोड़े पर सवार हो, आगे चल रहा था। सोलह मील का सफर था, गाड़ियाँ धीरे-धीरे चलती थीं। कभी सिपाही ठहर जाते थे, कभी गाड़ी का पहिया निकल जाता था तो कभी कोई घोड़ा अड़ जाता था।

दोपहर हो चुकी थी। रास्ता आधा भी नहीं कटा था। गरम रेत उड़ रही थी। धूप आग का काम कर रही थी। छाया कहीं नहीं थी। साफ मैदान था। सड़क पर न कोई वृक्ष, न झाड़ी। धर्म सिंह आगे था और कभी-कभी इस कारण ठहर जाता था कि गाड़ियाँ आकर मिल जाएँ। मन में विचारने लगा कि आगे क्यों न चलूँ। घोड़ा तेज है, यदि मरहठे धावा करेंगे, तो घोड़ा दौड़ा कर निकल जाऊँगा। यह सोच ही रहा था कि चरन सिंह बंदूक हाथ में लिए उसके पास आया और बोला- आओ, आगे चलें। इस समय बड़ी गरमी है। भूख के मारे व्याकुल हो रहा हूँ। सभी कपड़े पसीने में भीग रहे हैं। चरनसिंह भारी भरकम आदमी था। उसका मुँह लाल था।

धर्म सिंह- तुम्हारी बंदूक भरी हुई है?

चरन सिंह- हाँ, भरी हुई है।

धर्म सिंह- अच्छा चलो, पर बिछुड़ न जाना।

यह दोनों चल दिए, बातें करते जाते थे, पर ध्यान दाएं-बाएं था। साफ मैदान होने के कारण दृष्टि चारों ओर जा सकती थी। आगे चलकर सड़क दो पहाड़ियों के बीच से होकर निकलती थी।

धर्म सिंह- उस पहाड़ी पर चढ़ कर चारों ओर देख लेना उचित है। ऐसा न हो कि अचानक मरहठे कहीं से आकर हमें पकड़ लें।

चरन सिंह- अजी, चले भी चलो।

धर्म सिंह- नहीं, आप यहाँ ठहरिए, मैं जाकर देख आता हूँ।

धर्म सिंह ने घोड़ा पहाड़ी की ओर फेर दिया। घोड़ा शिकारी था, उसे पक्षी की भाँति ले उड़ा। वह अभी पहाड़ी की चोटी पर नहीं पहुँचा था कि सौ कदम आगे तीस मरहठे दिखाई पड़े। धर्म सिंह लौट पड़ा, परंतु मरहठों ने उसे देख लिया और बंदूकें सँभाल कर घोड़े दौड़ा, उस पर लपके। धर्म सिंह बेतहाशा नीचे उतरा और चरन सिंह को पुकार कर कहने लगा- बंदूकें तैयार रखो और घोड़े से बोला- प्यारे, अब समय है। देखना, ठोकर न खाना नहीं तो झगड़ा समाप्त हो जाएगा, एक बार बंदूक ले लेने दे.... फिर मैं किसी के बाँधने का नहीं। उधर चरन सिंह मरहठों को देखकर घोड़े को चाबुक मार, ऐसा भागा कि गरदे में घोड़े की पूँछ ही पूँछ दिखाई दी, और कुछ नहीं।

धर्म सिंह ने देखा कि बचने की आशा नहीं है, खाली तलवार से क्या बनेगा, वह किले की ओर भाग निकला परंतु छह मरहठे उस पर टूट पड़े। धर्म सिंह का घोड़ा तेज था, पर उनके घोड़े उससे भी तेज थे। तिस पर यह बात हुई कि वे सामने से आ रहे थे। धर्म सिंह चाहता था कि घोड़े की बाग मोड़कर उसे दूसरे रास्ते पर डाल दे, परंतु घोड़ा इतना तेज जा रहा था कि रुक नहीं सका। सीधा मरहठों से जा टकराया। सजे घोड़े पर सवार बंदूक उठाए लाल दाढ़ी वाला

एक मरहठा दाँत निकालता हुआ उसकी ओर लपका। धर्म सिंह ने कहा कि मैं इन दुष्टों को भलीभाँति जानता हूँ। यदि वे मुझे जीता पकड़ लेंगे तो किसी कंदरा में फेंककर कोड़े मारा करेंगे, इसलिए या तो आगे निकलो, नहीं तो तलवार से एक-दो को ढेर कर दो। मरना अच्छा है, कैद होना ठीक नहीं। धर्म सिंह और मरहठों में दस हाथ का ही अंतर रह गया था कि पीछे से गोली चली। धर्म सिंह का घोड़ा घायल होकर गिरा और वह भी उसके साथ ही धरती पर आ रहा।

धर्म सिंह उठना चाहता था कि दो मरहठे आकर उसकी मुस्कें कसने लगे। धर्म सिंह ने धक्का देकर उन्हें दूर गिरा दिया, परंतु दूसरों ने आकर बंदूक के कुंदों से उसे मारना शुरू किया और वह घायल होकर फिर पृथ्वी पर गिर पड़ा। मरहठों ने उसकी मुस्कें कस लीं, कपड़े फाड़ दिए, रुपया- पैसा सब छीन लिया। धर्म सिंह ने देखा कि घोड़ा जहाँ गिरा था, वहीं पड़ा है। एक मरहठे ने पास जा कर जीन उतारनी चाही। घोड़े के सिर में एक छेद हो गया था। उसमें से काला रक्त बह रहा था। दो हाथ इधर-उधर की धरती कीचड़ हो गई थी। घोड़ा चित्त पड़ा हवा में पैर पटक रहा था। मरहठे ने गले पर तलवार फेंक दी, घोड़ा मर गया। उसने जीन उतार ली।

लाल दाढ़ी वाला मरहठा घोड़े पर सवार हो गया। दूसरों ने धर्म सिंह को उसके पीछे बिठाकर उसे उसकी कमर से बाँध दिया और जंगल का रास्ता लिया।

धर्म सिंह का बुरा हाल था। मस्तक फटा था, लहू बहकर आँखों पर जम गया था। मुस्कों के मारे कंधा फटा जाता था। वह हिल नहीं सकता था। उसका सिर बार-बार मरहठे की पीठ से टकराता था। मरहठे पहाड़ियों पर ऊपर नीचे होते हुए एक नदी पर पहुँचे, उसे पार करके एक घाटी मिली। धर्म सिंह यह जानना चाहता था कि वे किधर जा रहे हैं। परंतु उसके नेत्र बंद थे, वह कुछ न देख सका।

शाम होने लगी, मरहठे दूसरी नदी पार करके एक पथरीली पहाड़ी पर चढ़ गए। यहाँ धुआं और कुत्तों का चूँकना सुनाई दिया, मानो कोई बस्ती है। थोड़ी देर चलकर गाँव आ गया। मरहठों ने गाँव छोड़ दिया, धर्म सिंह को एक ओर धरती पर बिठा दिया। बालक आकर उस पर पत्थर फेंकने लगे। परंतु एक मरहठे ने उन्हें वहाँ से भगा दिया। लाल दाढ़ी वाले ने एक सेवक को बुलाया, वह दुबला पतला आदमी फटा हुआ कुरता पहने था। मरहठे ने उससे कुछ कहा, वह जाकर बेड़ी उठा लाया। मरहठों ने धर्म सिंह की मुस्कें खोल कर उसके पाँव में बेड़ी डाल दी और उसे कोठरी में कैद करके ताला लगा दिया।

2

उस रात धर्म सिंह जरा भी नहीं सोया। गरमी की ऋतु में रातें छोटी होती हैं, शीघ्र प्रातःकाल हो गयी। दीवार में एक झरोखा था, उसी से अंदर उजाला आ रहा था। झरोखे के द्वारा धर्म सिंह ने देखा कि पहाड़ी के नीचे एक सड़क उतरी है, दाई ओर एक मरहठे का झोपड़ा है। उसके सामने दो पेड़ हैं। द्वार पर एक काला कुत्ता बैठा हुआ है। पास एक बकरी और उसके बच्चे पूँछ हिलाते फिर रहे हैं। एक स्त्री चमकीले रंग की साड़ी पहने पानी की गागर सिर पर धरे हुए एक बालक की उंगली पकड़े झोपड़े की ओर आ रही है। वह अंदर गयी कि लाल दाढ़ी वाला मरहठा रेशमी कपड़े पहने, चांदी के मुट्ठे की तलवार लटकाए हुए बाहर आया और सेवक से कुछ बात करके चल दिया। फिर दो बालक घोड़ों को पानी पिला कर लौटते हुए दिखाई पड़े। इतने में कुछ बालक कोठरी के निकट आ कर झरोखे में टहनियाँ डालने लगे। प्यास के मारे धर्म सिंह का कंठ सूखा जाता था। उसने उन्हें पुकारा, परंतु वे भाग गए।

इतने में किसी ने कोठरी का ताला खोला। लाल दाढ़ी वाला मरहठा भीतर आया। उसके साथ एक नाटा पुरुष था। उसका साँवला रंग, निर्मल काले नेत्र, गोल कपोल, कतरी हुई महीन दाढ़ी थी। वह प्रसन्नमुख हँसोड़ था। यह पुरुष लाल दाढ़ी वाले मरहठे से बहुत बढ़िया वस्त्र पहने हुए था, सुनहरी गोट लगी हुई नीले रंग की रेशमी अचकन थी। चांदी के म्यान वाली तलवार, कलाबत्तू का जूता था। लाल दाढ़ीवाला मरहठा कुछ बड़ब. ड़ाता धर्म सिंह को कनखियों से देखता द्वार पर खड़ा रहा। साँवला पुरुष आकर धर्म सिंह के पास बैठ गया और आँखें मटका कर जल्दी-जल्दी अपनी मातृभाषा में कहने लगा- बड़ा अच्छा राजपूत है।

धर्म सिंह ने एक अक्षर भी न समझा- हाँ, पानी माँगा। साँवला पुरुष हँसा, तब धर्म ने होंठ और हाथों के संकेत से जताया कि मुझे प्यास लगी है। साँवले पुरुष ने पुकारा- सुशीला!

एक छोटी-सी कन्या दौड़ती हुई भीतर आई। तेरह वर्ष की अवस्था, साँवला रंग, दुबली पतली, नेत्र काले और रसीले, सुंदर बदन, नीली साड़ी, गले में स्वर्णहार पहने हुए। साँवले पुरुष की पुत्री मालूम पड़ती थी। पिता की आज्ञा पाकर वह पानी का एक लोटा ले आई और धर्म सिंह को भौंचक्की होकर देखने लगी कि वह कोई वनचर है।

फिर खाली लोटा लेकर सुशीला ने ऐसी छलांग मारी कि साँवला पुरुष हँस पड़ा। तब पिता के कहने से कुछ रोटी ले आई। इसके पीछे वे सब बाहर चले गए और कोठरी का ताला बंद कर दिया।

कुछ देर पीछे एक सेवक आकर मराठी में कुछ कहने लगा। धर्म ने समझा कि कहीं चलने को कहता है। वह उसके पीछे हो लिया, बेड़ी के कारण लंगड़ा कर चलता था। बाहर आकर धर्म ने देखा कि दस घरों का एक गाँव है। एक घर के सामने तीन लड़के

तीन घोड़े पकड़े खड़े हैं। साँवला पुरुष बाहर आया और धर्म को भीतर आने को कहा। धर्म भीतर चला गया, देखा कि मकान स्वच्छ है, गोबरी फिरी हुई है, सामने की दीवार के आगे गद्दा बिछा हुआ है। तकिए लगे हुए हैं। दाई बाई दीवारों पर परदे गिरे हुए हैं। उन पर चांदी के काम की बंदूकें, पिस्तौलें और तलवारें लटकी हुई हैं। गद्दे पर पाँच मरहठे बैठे हैं। एक साँवला पुरुष दूसरा लाल दाढ़ी वाला और तीन अतिथि सब भोजन कर रहे हैं।

धर्म सिंह धरती पर बैठ गया। भोजन से निश्चिंत होकर एक मरहठा बोला- देखो राजपूत, तुम्हें दयाराम ने पकड़ा है, (साँवले पुरुष की ओर उंगली करके) और संपतराव के हाथ बेच डाला है, अतएव अब संपतराव तुम्हारा स्वामी है।

धर्म सिंह कुछ न बोला। संपतराव हँसने लगा।

मरहठा- वह यह कहता है कि तुम घर से रुपए मँगवा लो, दंड दे देने पर तुमको छोड़ दिया जाएगा।

धर्म सिंह- कितने रुपए?

मरहठा- तीन हजार।

धर्म सिंह- मैं तीन हजार नहीं दे सकता।

मरहठा- कितना दे सकते हो?

धर्म सिंह- पाँच सौ।

यह सुनकर मरहठे सिटपिटाए। संपतराव दयाराम से तकरार करने लगा और इतनी जल्दी-जल्दी बोलने लगा कि उसके मुँह से झाग निकल आया। दयाराम ने आँखें नीची कर लीं थोड़ी देर में मरहठे शांत हुए और फिर मोलतोल करने लगे। एक मरहठे ने कहा- पाँच सौ रुपए से काम नहीं चल सकता। दयाराम को संपतराव का

रुपया देना है। पाँच सौ रुपए में तो संपतराव ने तुम्हें मोल ही लिया है, तीन हजार से कम नहीं हो सकता। यदि रुपया न मँगाओगे तो तुम्हें कोड़े मारे जाएँगे।

धर्म ने सोचा कि जितना डरोगे, यह दुष्ट उतना ही डराएँगे। वह खड़ा होकर बोला- इस भले मानुस से कह दो कि यदि मुझे कोड़ों का भय दिखाएगा तो मैं घर वालों को कुछ नहीं लिखूँगा। मैं तुम चांडालों से नहीं डरता।

संपतराव अच्छा, एक हजार मँगाओ।

धर्म सिंह- पाँच सौ से एक कौड़ी ज्यादा नहीं। यदि तुम मुझे मार डालोगे तो इस पाँच सौ से भी हाथ धो बैठोगे।

यह सुन कर मरहठे आपस में सलाह करने लगे। इतने में एक सेवक एक मनुष्य को लिए हुए भीतर आया। यह मनुष्य मोटा था, नंगे पैर, बेड़ी पड़ी हुई। धर्म सिंह उसे देख कर चकित हो गया। यह पुरुष चरन सिंह था। सेवक ने चरन सिंह को धर्म के पास बैठा दिया। वे एक दूसरे से अपनी बिथा करने लगे। धर्म सिंह ने अपना वृत्तांत कह सुनाया। चरन सिंह बोला- मेरा घोड़ा अड़ गया, बंदूक रंजक चाट गई और संपतराव ने मुझे पकड़ लिया।

संपतराव (फिर)- अब तुम दोनों एक ही स्वामी के वश में हो। जो पहले रुपया दे देगा, वही छोड़ दिया जाएगा। (धर्म सिंह की ओर देख कर) देखा, तुम कैसे क्रोधी हो और तुम्हारा साथी कैसा सुशील है। उसने पाँच हजार रुपए भेजने को घर लिख दिया है, इस कारण उसका पालन-पोषण भलीभाँति किया जाएगा।

धर्म सिंह- मेरा साथी जो चाहे सो करे, वह धनवान है, और मैं तो पाँच सौ रुपए से अधिक नहीं दे सकता, चाहे मारो, चाहे छोड़ो।

मरहठे चुप हो गए। संपतराव ने झट से कलमदान उठा लाया। कागज, कमल, दवात निकालकर धर्म की पीठ ठोंक, उसे लिखने को कहा। वह पाँच सौ रुपए लेने पर राजी हो गया था।

धर्म सिंह- जरा ठहरो। देखो, हमारा पालन-पोषण भली-भाँति करना, हमें एक साथ रखना, जिससे हमारा समय अच्छी तरह कट जाए। बेड़ियाँ भी निकाल दो।

संपतराव- जैसा चाहे वैसा भोजन करो। बेड़ियाँ नहीं निकाल सकता। शायद तुम भाग जाओ। हाँ, रात को निकाल दिया करूँगा।

धर्म सिंह ने पत्र लिख दिया। परंतु पता सब झूठ लिखा, क्योंकि मन में निश्चय कर चुका था कि कभी न कभी भाग जाऊँगा।

तब मरहठों ने चरनसिंह और धर्म सिंह को एक कोठरी में पहुँचा कर एक लोटा पानी, कुछ बाजरे की रोटियाँ देकर ऊपर से ताला बंद कर दिया।

3

धर्म सिंह और चरन सिंह को इस प्रकार रहते-रहते एक महीना गुजर गया। संपतराव उनको देखकर सदैव हँसता रहता था, पर खाने को बाजरे की अधपकी रोटी के सिवाय और कुछ न देता था। चरन सिंह उदास रहता और कुछ न करता। दिन भर कोठरी में पड़ा सोया रहता और दिन गिनता रहता था कि रुपया कब आए कि छूटकर अपने घर पहुँचूं। धर्म तो जानता था कि रुपया कहाँ से आना है। जो कुछ घर भेजता था, माता उसी पर निर्वाह करती थी। वह बेचारी पाँच सौ रुपए कैसे भेज सकती है। ईश्वर की दया होगी तो मैं भाग जाऊँगा। वह घात में लगा हुआ था। कभी सीटी बजाता हुआ गाँव का चक्कर लगाता, कभी बैठ कर मिट्टी के खिलौने और टोकरियाँ बनाता। वह हाथों का चतुर था।

एक दिन उसने एक गुड़िया बना कर छत पर रख दी। गाँव की स्त्रियाँ जब पानी भरने आई, तो सुशीला ने उनको बुला कर गुड़िया दिखलाई। वे सब हँसने लगीं। धर्म सिंह ने गुड़िया सबके आगे कर दी, परंतु किसी ने नहीं ली। वह उसे बाहर रख कर कोठरी में चला गया कि देखें क्या होता है। सुशीला गुड़िया उठाकर भाग गई।

अगले दिन धर्म ने देखा कि सुशीला द्वार पर बैठी गुड़िया के साथ खेल रही है। एक बुढ़िया आई। उसने गुड़िया छीनकर तोड़ डाली, सुशीला भाग गयी। धर्म सिंह ने और गुड़िया बनाकर सुशीला को दे दी। फल यह हुआ कि वह एक दिन छोटा-सा लोटा लाई, भूमि पर रखा और धर्म को दिखा कर भाग गई। धर्म ने देखा तो उसमें दूध था। अब सुशीला नित्य अच्छे-अच्छे भोजन ला कर धर्म को देने लगी।

एक दिन आंधी आई। एक घंटा मूसलाधार मेघ बरसा, नदियाँ-नाले भर गए। बाँध पर सात फुट पानी चढ़ आया। जहाँ तहाँ झरने झरने लगे, धार ऐसी प्रबल थी कि पत्थर लुढ़के जाते थे। गाँव की गलियों में नदियाँ बहने लगीं। आंधी थम जाने पर धर्म सिंह ने संपतराव से चाकू माँग कर एक पहिया बना, उसके दोनों ओर दो गुड़िया बाँधकर पहिए को पानी में छोड़ दिया, वह पानी के बल से चलने लगा। सारा गाँव इकट्ठा हो गया और गुड़ियों को नाचते देख कर तालियाँ बजाने लगा। संपतराव के पास एक पुरानी बिगड़ी हुई घड़ी पड़ी थी। धर्म सिंह ने उसे ठीक कर दिया। उसके पीछे और लोग अपने घंटे, पिस्तौल, घड़ियाँ ला-ला कर धर्म से ठीक कराने लगे। इस कारण संपतराव ने प्रसन्न होकर धर्म सिंह को एक चिमटी, एक बरमी और एक रेती दे दी।

एक दिन एक मरहठा रोगी हो गया। सब लोग धर्म सिंह के पास आ कर दवा-दारू माँगने लगे। धर्म कुछ वैद्य तो था नहीं, पर

उसने पानी में रेता मिला कर कुछ मंत्र- सा पढ़ कर कहा कि जाओ यह पानी रोगी को पिला दो। पानी पिलाने पर रोगी चंगा हो गया। धर्म के भाग्य अच्छे थे। अब बहुत से मरहठे उसके मित्र बन गए। हाँ, कुछ लोग अब भी उस पर संदेह करते थे।

दयाराम धर्म सिंह से चिढ़ता था। जब उसे देखता, मुँह फेर लेता। पहाड़ी के नीचे एक और बूढ़ा रहता था। मंदिर में आने के समय धर्म सिंह उसे देखा करता था। यह बूढ़ा नाटा था। दाढ़ी मूँछ बर्फ की भाँति श्वेत, मुँह पोला, उसमें झुर्रियाँ पड़ी हुई, नाक नुकीली, नेत्र निर्दयी, दो दाँतों के सिवाय सब दाँत टूटे हुए। वहीं लकड़ी टेकता, चारों ओर भेड़िए की तरह झाँकता हुआ मंदिर में जाने के समय जब कभी धर्म सिंह को देख पाता था तो जल कर राख हो जाता और मुँह फेर लेता था।

एक दिन धर्म सिंह बूढ़े का घर देखने के लिए पहाड़ी के नीचे उतरा। कुछ दूर जाने पर एक बगीचा मिला। चारों ओर पत्थर की दीवार बनी हुई थी। बीच में मेवे के वृक्ष लगे हुए थे। वृक्षों में एक झोपड़ा था। धर्म सिंह आगे बढ़ कर देखना चाहता था कि उसकी बेड़ी खड़की। बूढ़ा चौंका। कमर से पिस्तौल निकाल कर उसने धर्म सिंह पर गोली चलाई, पर वह दीवार की ओट में हो गया। बूढ़े को आ कर संपतराव से कहते सुना कि धर्म सिंह बड़ा दुष्ट है। संपतराव ने धर्म को बुलाकर पूछा- तुम बूढ़े के घर क्यों गए थे?

धर्म सिंह बोला- मैंने उसका कुछ नहीं बिगाड़ा। मैं केवल यह देखने लगा था कि वह बूढ़ा कहाँ रहता है। संपत ने बूढ़े को शांत करने का बहुत यत्न किया, पर वह बड़बड़ाता ही रहा। धर्म सिंह केवल इतना ही समझ सका कि बूढ़ा यह कह रहा है कि राजपूतों का गाँव में रहना अच्छा नहीं, उन्हें मार देना चाहिए। बूढ़ा चल दिया, तो धर्म सिंह ने संपतराव से पूछा कि बूढ़ा कौन है?

संपतराव- यह बड़ा आदमी है, इसने बहुत राजपूत मारे हैं। पहले यह बड़ा धनवान था। इसके तीन स्त्रियाँ और आठ पुत्र थे। सब एक ही गाँव में रहा करते थे। एक दिन राजपूतों ने धावा करके गाँव जला दिया। इसके सात पुत्र तो मर गए, आठवाँ कैद हो गया। यह बूढ़ा राजपूतों के पास जा कर और उनके संग रह कर अपने पुत्र की खोज लगाने लगा। अंत में उसे पा कर अपने हाथ से उसका वध करके भाग आया। फिर विरक्त होकर तीर्थयात्रा को चला गया। अब यह पहाड़ी के नीचे रहता है। यह बूढ़ा कहता था कि तुम्हें मार डालना उचित है परंतु मैं तुमको मार नहीं सकता, फिर रुपया कहाँ से मिलेगा? इसके सिवाय मैं तुम्हें यहाँ से जाने भी न दूँगा।

इस तरह धर्म यहाँ एक महीना रहा। दिन को वह इधर- उधर फिरा करता या कोई चीज बनाता, लेकिन रात को वह दीवार में छेद किया करता। दीवार पत्थर की थी, खोदना सहज नहीं था। लेकिन वह पत्थरों को रेती से काटता था। यहाँ तक कि अंत में उसने अपने निकलने भर को एक छेद बना लिया। बस, अब उसे यह चिंता हुई कि रास्ता मालूम हो जाए।

एक दिन संपतराव शहर गया हुआ था। धर्म सिंह भोजन करके तीसरे पहर रास्ता देखने की इच्छा से सामने वाली पहाड़ी की ओर चल दिया। संपतराव बाहर जाते समय अपने पुत्र से सदैव कह जाया करता था कि धर्म सिंह को आँखों से परे न होने देना। इस कारण बालक उसके पीछे दौड़ा और चिल्ला कर कहने लगा- मत जाओ, मेरे पिता की आज्ञा नहीं है यदि तुम नहीं लौटोगे, तो मैं गाँव वालों को बुला लूँगा।

धर्म सिंह बालक को फुसलाने लगा- मैं दूर नहीं जाता, केवल उस पहाड़ी पर जाने की इच्छा है। रोगियों के वास्ते मुझे एक बूटी की

जरूरत है, तुम भी साथ चलो। बेड़ी के होते कैसे भागूँगा? असंभव है। आओ, कल मैं तुमको तीर- कमान बना दूँगा।

बालक मान गया। पहाड़ी की चोटी कुछ दूर न थी। बेड़ी के कारण चलना कठिन था, परंतु ज्यों त्यों करके धर्म सिंह चोटी पर पहुँच कर चारों ओर देखने लगा। दक्षिण दिशा में एक घाटी दिखाई दी। उसमें घोड़े चल रहे थे। घाटी के नीचे एक गाँव था। उससे परे एक ऊँची पहाड़ी थी, फिर एक और पहाड़ी थी। इन पहाड़ियों के बीचों बीच जंगल था, उससे परे पहाड़ थे, एक से एक ऊँचे। पूर्व और पश्चिम दिशा में भी ऐसी ही पहाड़ियां थीं। कंदराओं में से जहाँ-तहाँ गाँवों का धुआं उठ रहा था। वास्तव में यह मरहठों का देश था। उत्तर की ओर देखा, तो पैरों तले एक नदी बह रही है और वही गाँव है, जिसमें वह रहा करता था। गाँव के चारों ओर बगीचे लगे हुए थे और स्त्रियाँ नदी पर बैठी वस्त्र धो रही थीं, और ऐसी जान पड़ती थीं मानो गुड़िया बैठी हैं। गाँव से परे एक पहाड़ी थी, परंतु दक्षिण दिशा वाली पहाड़ी से नीची। उससे परे दो पहाड़ियाँ और थीं, उन पर घना जंगल था। इनके बीच में मैदान था। मैदान के पार बहुत दूर पर कुछ धुआं-सा दिखाई दिया। अब धर्म सिंह को याद आया कि किले में रहते हुए सूर्य कहाँ से उदय होता और कहाँ अस्त हुआ करता था। उसे निश्चय हो गया कि धुएं का बादल हमारा किला है और उसी मैदान में से जाना होगा।

अँधेरा हो गया। मंदिर का घंटा बजने लगा। पशु घर लौट आए। धर्म सिंह भी अपनी कोठरी में आ गया। रात अँधेरी थी। उसने उसी रात भागने का विचार किया पर दुर्भाग्य से संध्या समय मरहठे घर लौट आए। आज उनके साथ एक मुर्दा था। मालूम होता था कि कोई मरहठा युद्ध में मारा गया है।

मरहठे उस शव को स्नान कराकर श्वेत वस्त्र लपेट, अर्थी बना 'राम नाम सत्त' कहते हुए गाँव से बाहर जाकर शमशान भूमि में दाह करके घर लौट आए। तीन दिन उपवास करने के बाद चौथे दिन बाहर चले गए। संपतराव घर ही में रहा। रात अँधेरी थी, शुक्ल पक्ष अभी लगा ही था।

धर्म सिंह ने सोचा कि रात को भागना ठीक है। चरन सिंह से कहा- भाई चरन सुरंग तैयार है। चलो, भाग चलें।

चरन सिंह- (भयभीत होकर) रास्ता तो जानते ही नहीं, भागेंगे कैसे?

धर्म सिंह- रास्ता मैं जानता हूँ।

चरन सिंह- माना कि तुम रास्ता जानते हो, परंतु एक रात में किले तक नहीं पहुँच सकते।

धर्म सिंह- यदि किले तक नहीं पहुँच सकेंगे तो रास्ते में कहीं जंगल में छिप कर दिन काट लेंगे। देखो, मैंने भोजन का प्रबंध भी कर लिया है। यहाँ पड़े-पड़े सड़ने में क्या लाभ है? यदि घर से रुपया न आया तो क्या बनेगा? राजपूतों ने एक मरहठा मार डाला है। इस कारण यह सब बहुत बिगड़े हुए हैं। भागना ही उचित है।

चरन सिंह- अच्छा, चलो।

4

गाँव में जब सन्नाटा हो गया, तो धर्म सिंह सुरंग से बाहर निकल आया। पर चरन सिंह के पैर से एक पत्थर गिर पड़ा। धमाका हुआ तो संपतराव का कुत्ता भूका, लेकिन धर्म सिंह ने उसे पहले ही हिला लिया था, उसका शब्द सुन कर वह चुप हो गया।

रात अँधेरी थी। तारे निकले हुए थे। चारों ओर सन्नाटा था। घाटियाँ धुंध से ढँकी हुई थीं। चलते-चलते रास्ते में किसी छत पर से एक बूढ़े के राम नाम जपने की आवाज सुनाई दी। दोनों दुबक गए। थोड़ी देर में फिर सन्नाटा छा गया, तब वे आगे बढ़े।

धुंध बहुत छा गई। धर्म सिंह तारों की ओर देख कर राह चलने लगा। ठंड के कारण चलना सहज न था, धर्म सिंह कूदता फाँदता चला जाता था, चरन सिंह पीछे रहने लगा।

चरन सिंह- भाई धर्म, जरा ठहरो, जूतों ने मेरे पैरों में छाले डाल दिए।

धर्म सिंह- जूते निकाल कर फेंक दो, नंगे पैर चलो।

चरन सिंह ने जूते निकाल कर फेंक दिए, पत्थरों ने उसके पाँव घायल कर दिए। वह ठहर ठहर कर चलने लगा।

धर्म सिंह- देखो चरन, पाँव तो फिर चंगे हो जाएँगे, पर यदि मरहठों ने आ पकड़ा तो फिर समझ लो कि जान गई।

चरन सिंह चुप होकर पीछे चलने लगा। थोड़ी दूर जाने पर धर्म सिंह बोला- हाय, हाय, हम रास्ता भूल गए, हमें तो बाईं ओर की पहाड़ी पर चढ़ना चाहिए था।

चरन सिंह ठहरो, जरा दम लेने दो। मेरे पैर घायल हो गए हैं। देखो, रक्त बह रहा है।

धर्म सिंह- कुछ चिंता नहीं, ये सब ठीक हो जाएँगे, तुम चले चलो।

वे लौट कर बाई ओर की पहाड़ी पर चढ़ गए। आगे जंगल मिला। झाड़ियों ने उनके सब वस्त्र फाड़ डाले। इतने में कुछ आहट

हुई, वे डर गए। समीप जाने पर मालूम हुआ कि बारहसिंगा भागा जा रहा है।

प्रातःकाल होने लगी। किला यहाँ से अभी सात मील पर था। मैदान में पहुँचकर चरन सिंह बैठ गया और बोला- मेरे पाँव थक गए, मैं अब नहीं चल सकता।

धर्म सिंह- (क्रोध से) अच्छा तो राम-राम, मैं अकेला ही चलता हूँ।

चरन सिंह उठकर साथ हो लिया। तीन मील चलने पर अचानक सामने से घोड़े की टाप सुनाई दी। वे भागकर जंगल में घुस गए।

धर्म सिंह ने देखा कि घोड़े पर चढ़ा हुआ एक मरहठा जा रहा है। जब वह निकल गया तो धर्म बोला कि भगवान ने बड़ी दया की कि उसने हमें नहीं देखा। चरन भाई, अब चलो।

चरन सिंह- मैं नहीं चल सकता, मुझमें ताकत नहीं।

चरन सिंह मोटा आदमी था, ठंड के मारे उसके पैर अकड़ गए। धर्म सिंह उसे उठाने लगा, तो चरन सिंह ने चीख मारी।

धर्म सिंह- हैं! यह क्या, मरहठा तो अभी पास ही जा रहा है, कहीं सुन न ले अच्छा, यदि तुम नहीं चल सकते हो, तो मेरी पीठ पर बैठ जाओ।

धर्म सिंह ने चरन सिंह को पीठ पर बिठला कर किले की राह ली।

धर्म सिंह- भाई चरन सिंह, सीधी तरह बैठे रहो, गला क्यों घोंटते हो?

5

अब उधर की बात सुनिए। मरहठे ने चरन सिंह का शब्द सुन लिया। उसने गोली चलाई, परंतु खाली गई। मरहठा दूसरे साथियों को लेने के लिए घोड़ा दौड़ा कर चल दिया।

धर्म सिंह- चरन, मालूम होता है कि उस दुष्ट ने तुम्हारी आवाज सुन ली। वह अपने साथियों को बुलाने गया है। यदि उसके आने से पहले-पहले हम दूर नहीं निकल जाएँगे, तो समझो कि जान गई। (मन में) यह बोझा मैंने क्यों उठाया, यदि मैं अकेला होता तो अब तक कभी का निकल गया होता।

चरन सिंह- तुम अकेले चले जाओ, मेरे कारण प्राण क्यों खोते हो?

धर्म सिंह- कदापि नहीं, साथी को छोड़ कर चल देना धर्म के विरुद्ध धर्म सिंह फिर चरन सिंह को कंधे पर लाद कर चलने लगा। आधा मील चलने पर एक झरना मिला। धर्म सिंह बहुत थक गया था। चरन सिंह को कंधे से उतार कर विश्राम करने लगा। पानी पीना ही चाहता था कि पीछे से घोड़ों की टापें सुनाई दीं। दोनों भाग कर झाड़ियों में छिप गए।

मरहठे ठीक वहीं आकर ठहरे, जहाँ दोनों छिपे हुए थे। उन्होंने सूंघ लेने को कुत्ता छोड़ा। फिर क्या था, दोनों पकड़े गए। मरहठों ने दोनों को घोड़ों पर लाद लिया। राह में संपतराव मिल गया, अपने कैदियों को पहचाना। तुरंत उन्हें अपने साथ वाले घोड़ों पर बैठाया और दिन निकलते- निकलते वे सब ग्राम में पहुँच गए।

उसी समय बूढ़ा भी वहाँ आ गया। सब मरहठे विचार करने लगे कि क्या किया जाए। बूढ़े ने कहा कि कुछ मत करो, इन दोनों का तुरंत वध कर दो।

संपतराव- मैंने तो उन पर रुपया लगाया है, मार कैसे डालूँ?

बूढ़ा- राजपूतों को पालना पाप है। वे तुम्हें सिवाय दुःख के और कुछ न देंगे, मार कर झगड़ा समाप्त करो।

मरहठे इधर-उधर चले गए। संपतराव धर्म सिंह के पास आया और बोला- देखो धर्म सिंह, पंद्रह दिन के अंदर यदि रुपया न आया, और तुमने फिर भागने का साहस किया, तो मैं तुम्हें अवश्य मार डालूँगा, इसमें संदेह नहीं। अब शीघ्र घर वालों को पत्र लिख डालो कि तुरंत रुपया भेज दें।

दोनों ने पत्र लिख दिए। फिर वे पहले की भाँति कैद कर दिए गए, परंतु कोठरी में नहीं, अब की बार छः हाथ चौड़े गड्ढे में बंद किए गए।

6

अब उन्हें अत्यंत कष्ट दिया जाने लगा। न बाहर जा पाते थे, न बेड़ियाँ निकाली जाती थीं। कुत्तों के समान अधपकी रोटी, एक लोटे में पानी पहुँचा दिया जाता था, और कुछ नहीं। गड्ढा सीला था, उसमें अँधेरा और अति दुर्गंध थी। चरन सिंह का सारा शरीर सूख गया, धर्म सिंह मनमलीन, तनक्षीण रहने लगा। करे तो क्या करे?

धर्म एक दिन बहुत उदास बैठा था कि ऊपर से रोटी गिरी, देखा तो सुशीला बैठी हुई है।

धर्म सिंह ने सोचा, क्या सुशीला इस काम में मेरी सहायता कर सकती है। अच्छा, इसके लिए कुछ खिलौने बनाता हूँ। कल जब आएगी, तब इसे देकर फिर बात करूंगा।

दूसरे दिन सुशीला नहीं आई। धर्म सिंह के कान में घोड़ों के टापों की आवाज आई। कई आदमी घोड़ों पर सवार उधर से निकल

गए। वे सब बातें करते जाते थे। धर्म सिंह को और तो कुछ न समझ में आया-

हाँ, "राजपूत" शब्द बार-बार सुनाई दिया। इससे उसने अनुमान किया कि राजपूतों की सेना कहीं निकट आ पहुँची है।

तीसरे दिन सुशीला फिर आई और दो रोटियाँ गड्ढे में फेंक दीं, तब धर्म सिंह बोला- तू कल क्यों नहीं आई? देख, मैंने तेरे वास्ते ये खिलौने बनाए हैं।

सुशीला- खिलौने लेकर क्या करूँगी मुझे खिलौने नहीं चाहिए। उन्होंने तुम्हें मार डालने का विचार कल पक्का कर लिया है। सब मरहठे इकट्ठे हुए थे, इसी कारण मैं कल नहीं आ सकी।

धर्म सिंह- कौन मारना चाहता है?

सुशीला- मेरा पिता। बूढ़े ने यह सलाह दी है कि राजपूतों की सेना निकट आ गई है, तुम्हें मार डालना ही ठीक है। मुझे तो यह सुनकर रोना आता है।

धर्म सिंह- यदि तुम्हें दया आती है, तो एक बाँस ला दो।

सुशीला- यह नहीं हो सकता।

धर्म सिंह- सुशीला, दया कर, मैं हाथ जोड़ कर कहता हूँ कि एक बाँस ला दो।

सुशीला- बाँस कैसे लाऊँ, वे सब घर पर बैठे हैं, देखे लेंगे। यह कह कर वह चली गई।

सूर्य अस्त हो गया। तारे चमकने लगे। चाँद अभी नहीं निकला था, मंदिर का घंटा बजा, बस फिर सन्नाटा हो गया। धर्म सिंह इस विचार में बैठा था कि सुशीला बाँस लाएगी अथवा नहीं।

अचानक ऊपर से मिट्टी गिरने लगी। देखा तो सामने की दीवार में बाँस लटक रहा है। धर्म सिंह बहुत प्रसन्न हुआ। उसने बाँस को नीचे खींच लिया।

बाहर आकाश में तारे चमक रहे थे। गड्ढे के किनारे पर मुँह रखकर धीरे से सुशीला ने कहा- धर्म सिंह, सिवाय दो के और सब बाहर चले गए हैं।

धर्म सिंह ने चरन सिंह से कहा- भाई चरन! आओ, एक बार फिर यत्न कर देखें, हिम्मत न हारो। चलो, मैं तुम्हारी सहायता करने को तैयार हूँ।

चरनसिंह- मुझमें तो करवट लेने की शक्ति नहीं, चलना तो एक ओर रहा। मैं नहीं भाग सकता।

धर्म सिंह- अच्छा, रामराम, परंतु मुझे निर्दयी मत समझना।

धर्म सिंह चरन सिंह से गले मिला, बाँस का एक सिरा सुशीला ने पकड़ा, दूसरा सिरा धर्म सिंह ने। इस भाँति वह बाहर निकल आया।

धर्म सिंह- सुशीला, तुम्हें भगवान कुशल से रखें। मैं जन्मभर तुम्हारा जस गाऊँगा। अच्छा, जीती रहो, मुझे भूल मत जाना।

धर्म सिंह ने थोड़ी दूर जाकर पत्थरों से बेड़ी तोड़ने का बहुत ही यत्न किया, पर वह न टूटी। वह उसे हाथ में उठा कर चलने लगा। वह चाहता था कि चंद्रमा उदय होने से पहले जंगल में पहुँच जाय, परंतु पहुँच न सका। चंद्रमा निकल आया, चारों ओर उजाला हो गया, पर सौभाग्य से जंगल में पहुँचने तक राह में कोई न मिला।

धर्म सिंह फिर बेड़ी तोड़ने लगा, पर सारा यत्न निष्फल हुआ। वह थक गया, हाथ-पाँव घायल हो गए। विचारने लगा, अब क्या करूँ? बस, चलो, ठहरने का काम नहीं। यदि एक बार बैठ गया, तो

फिर उठना कठिन हो जायेगा। माना कि प्रातःकाल से पहले किले में नहीं पहुँच सकता, न सही, दिन भर जंगल में काट दूँगा, रात आने पर फिर चल दूँगा सहसा पास से दो मरहठे निकले, वह झट झाड़ी में छिप गया।

चाँद फीका पड़ गया, सवेरा होने लगा। जंगल पीछे छूट गया, साफ मैदान आ गया। किला दिखाई देने लगा। बाई ओर देखने पर मालूम हुआ कि थोड़ी दूर पर कुछ राजपूत सिपाही खड़े हैं। धर्म सिंह मगन हो गया और बोला- अब क्या है, परंतु ऐसा न हो कि मरहठे पीछे से आ पकड़ें, मैं सिपाहियों तक न पहुँच सकूँ, इस कारण जितना भागा जाए भागो।

इतने में बाई ओर दो सौ कदम की दूरी पर कुछ मरहठे दिखाई दिए। धर्म निराश हो गया, चिल्ला उठा भाइयों, दौड़ो, दौड़ो! मुझे बचाओ, बचाओ!

राजपूत सिपाहियों ने धर्म सिंह की पुकार सुन ली। मरहठे समीप थे, सिपाही दूर थे। वे दौड़े, धर्म सिंह भी बेड़ी उठा कर "भाइयों, भाइयों" कहता हुआ ऐसा भागा कि झट सिपाहियों से जा मिला, मरहठे डरकर भाग गए।

राजपूत पूछने लगे कि तुम कौन हो और कहाँ से आए हो, परंतु धर्म सिंह घबराया हुआ "भाइयों, भाइयों" पुकारता चला जाता था। निकट आने पर सिपाहियों ने उसे पहचान लिया। धर्म सिंह सारा वृत्तांत कह कर बोला- भाइयों, इस तरह मैं घर गया और विवाह किया। विधाता की यही लीला थी।

एक महीना पीछे पाँच हजार मुद्रा देकर चरन सिंह छूटकर किले में आया। वह उस समय अधमुए के समान हो रहा था।

रीछ का शिकार

हम एक दिन रीछ के शिकार को निकले। मेरे साथी ने एक रीछ पर गोली चलाई। वह गहरी नहीं लगी। रीछ भाग गया। बर्फ पर लहू के चिह्न बाकी रह गए।

हम एकत्र होकर यह विचार करने लगे कि तुरंत पीछा करना चाहिए या दो-तीन दिन ठहर कर उसके पीछे जाना चाहिए। किसानों से पूछने पर एक बूढ़ा बोला- तुरंत पीछा करना ठीक नहीं, रीछ को टिक जाने दो। पाँच दिन पीछे शायद वह मिल जाए। अभी पीछा करने पर तो वह डरकर भाग जाएगा।

इस पर एक दूसरा जवान बोला- नहीं-नहीं, हम आज ही रीछ को मार सकते हैं। वह बहुत मोटा है, दूर नहीं जा सकता। सूर्य अस्त होने से पहले कहीं न कहीं टिक जाएगा, नहीं तो मैं बर्फ पर चलने वाले जूते पहनकर ढूँढ़ निकालूँगा।

मेरा साथी तुरंत रीछ का पीछा करना नहीं चाहता था, पर मैंने कहा- झगड़ा करने से क्या मतलब। आप सब गाँव को जाइए। मैं और दुगार (मेरे सेवक का नाम) रीछ का पीछा करते हैं। मिल गया तो वाह वाह! दिन भर और करना ही क्या है?

और सब तो गाँव को चले गए, मैं और दुगार जंगल में रह गए। अब हम बंदूकें संभाल कर, कमर कस, रीछ के पीछे हो लिए।

रीछ का निशान दूर से दिखाई पड़ता था। प्रतीत होता था कि भागते समय कभी तो वह पेट तक बर्फ में धंस गया है, कभी बर्फ चीर कर निकला है। पहले- पहले तो हम उसकी खोज के पीछे बड़े-बड़े वृक्षों के नीचे चलते रहे, परंतु घना जंगल आ जाने पर दुगार बोला- अब यह राह छोड़ देनी चाहिए, वह यहीं कहीं बैठ गया है। धीरे- धीरे चलो, ऐसा न हो कि डर कर भाग जाए।

हम राह छोड़कर बाईं ओर लौट पड़े। पाँच सौ कदम जाने पर सामने वही चिह्न फिर दिखाई दिए। उसके पीछे चलते-चलते एक सड़क पर जा निकले। चिह्नों से जान पड़ता था कि रीछ गाँव की ओर गया है।

दुगार- महाराज, सड़क पर खोज लगाने से अब कोई लाभ नहीं। वह गाँव की ओर नहीं गया। आगे चलकर चिह्नों से पता लग जाएगा कि वह किस ओर गया है।

एक मील आगे जाने पर चिह्नों से ऐसा प्रकट होता था कि रीछ सड़क से जंगल की ओर नहीं, जंगल से सड़क की ओर आया है। उसकी उंगलियाँ सड़क की तरफ थीं। मैंने पूछा कि दुगार, क्या यह कोई दूसरा रीछ है?

दुगार- नहीं, यह वही रीछ है, उसने धोखा दिया है। आगे चलकर दुगार का कहना सत्य निकला, क्योंकि रीछ दस कदम सड़क की ओर आकर फिर जंगल की ओर लौट गया था।

दुगार- अब हम उसे अवश्य मार लेंगे। आगे दलदल है, वह वहीं जाकर बैठ गया है, चलिए।

हम दोनों आगे बढ़े। कभी तो मैं किसी झाड़ी में फँस जाता था, बर्फ पर चलने का अभ्यास न होने के कारण कभी जूता पैर से निकल जाता था। पसीने से भीग कर मैंने कोट कंधे पर डाल लिया, लेकिन दुगार बड़ी फुर्ती से चला जा रहा था। दो मील चलकर हम झील के उस पार पहुँच गए।

दुगार- देखो, सुनसान झाड़ी पर चिड़ियाँ बोल रही हैं, रीछ वहीं है। चिड़ियाँ रीछ की महक पा गई हैं।

हम वहाँ से हटकर आधा मील चले होंगे कि फिर रीछ का खुर दिखाई दिया। मुझे इतना पसीना आ गया कि मैंने साफा भी उतार दिया। दुगार को पसीना आ गया था।

दुगार- स्वामी, बहुत दौड़-धूप की, अब जरा विश्राम कर लीजिए।

संध्या हो चली थी। हम जूते उतार कर धरती पर बैठ गए और भोजन करने लगे। भूख के मारे रोटी ऐसी अच्छी लगी कि मैं कुछ कह नहीं सकता। मैंने दुगार से पूछा कि गाँव कितनी दूर है?

दुगार- कोई आठ मील होगा, हम आज ही वहाँ पहुँच जाएँगे। आप कोट पहन लें, ऐसा न हो सर्दी लग जाए।

दुगार ने बर्फ ठीक करके उस पर कुछ झाड़ियाँ बिछाकर मेरे लिए बिछौना तैयार कर दिया। मैं ऐसा बेसुध सोया कि इसका ध्यान ही न रहा कि कहाँ हूँ। जागकर देखता हूँ कि एक बड़ा भारी दीवानखाना बना हुआ है, उसमें बहुत से उजले चमकते हुए खम्भे लगे हुए हैं, उसकी छत तवे की तरह काली है, उसमें रंगदार अनंत दीपक जगमगा रहे हैं। मैं चकित हो गया। परंतु तुरंत मुझे याद आई कि यह तो जंगल है, यहाँ दीवानखाना कहाँ? असल में श्वेत खंभे तो

बर्फ से ढँके हुए वृक्ष थे, रंगदार दीपक उनकी पत्तियों में से चमकते हुए तारे थे।

बर्फ गिर रही थी, जंगल में सन्नाटा था। अचानक हमें किसी जानवर के दौड़ने की आहट मिली। हम समझे कि रीछ है, परंतु पास जाने पर मालूम हुआ कि जंगली खरहा है। हम गाँव की ओर चल दिए। बर्फ ने सारा जंगल श्वेत बना रखा था। वृक्षों की शाखाओं में से तारे चमकते और हमारा पीछा करते ऐसे दिखाई देते थे कि मानो सारा आकाश चलायमान हो रहा है।

जब हम गाँव पहुँचे तो मेरा साथी सो गया था। मैंने उसे जगाकर सारा वृत्तांत कह सुनाया और जमींदार से अगले दिन के लिए शिकारी एकत्र करने को कहा। भोजन करके सो रहे। मैं इतना थक गया था कि यदि मेरा साथी मुझे न जगाता, तो मैं दोपहर तक सोया पड़ा रहता। जागकर मैंने देखा कि साथी वस्त्र पहने तैयार है और अपनी बंदूक ठीक कर रहा है।

मैं- दुगार कहाँ है?

साथी- उसे गए देर हुई। वह कल के निशान पर शिकारियों को इकट्ठा करने गया है।

हम गाँव के बाहर निकले। धुंध के मारे सूर्य दिखाई न पड़ता था! दो मील चलकर धुआं दिखाई पड़ा। समीप जाकर देखा कि शिकारी आलू भून रहे हैं और आपस में बातें करते जाते हैं। दुगार भी वहीं था। हमारे पहुंचने पर वे सब उठ खड़े हुए। रीछ को घेरने के लिए दुगार उन सबको लेकर जंगल की ओर चल दिया। हम भी उसके पीछे हो लिए। आधा मील चलने पर दुगार ने कहा कि अब कहीं बैठ जाना उचित है। मेरे बाईं ओर ऊँचे-ऊँचे वृक्ष थे। सामने

मनुष्य के बराबर ऊँची बर्फ से ढँकी हुई घनी झाड़ियाँ थीं, इनके बीच से होकर एक पगडंडी सीधी वहाँ पहुँचती थी, जहाँ मैं खड़ा हुआ था। दाईं ओर साफ मैदान था। वहाँ मेरा साथी बैठ गया।

मैंने अपनी दोनों बंदूकों को भली भाँति देखकर विचारा कि कहाँ खड़ा होना चाहिए। तीन कदम पीछे हटकर एक ऊँचा वृक्ष था। मैंने एक बंदूक भरकर तो उसके सहारे खड़ी कर दी, दूसरी घोड़ा चढ़ाकर हाथ में ले ली। म्यान से तलवार निकाल कर देख ही रहा था कि अचानक जंगल में से दुगार का शब्द सुनाई दिया, "वह उठा, वह उठा!" इस पर सब शिकारी बोल उठे, सारा जंगल गूँज पड़ा। मैं घात में था कि रीछ दिखाई पड़ा और मैंने तुरंत गोली छोड़ी।

अकस्मात बाईं ओर बर्फ पर कोई काली चीज दिखाई दी। मैंने गोली छोड़ी, परंतु खाली गई और रीछ भाग गया।

मुझे बड़ा शोक हुआ कि अब रीछ इधर नहीं आएगा। शायद साथी के हाथ लग जाए। मैंने फिर बंदूक भर ली, इतने में एक शिकारी ने शोर मचाया- "यह है, यह है यहाँ आओ!"

मैंने देखा कि दुगार भाग कर मेरे साथी के पास आया और रीछ को उंगली से दिखाने लगा। साथी ने निशाना लगाया। मैंने समझा, उसने मारा, परंतु वह गोली भी खाली गई, क्योंकि यदि रीछ गिर जाता तो साथी अवश्य उसके पीछे दौड़ता। वह दौड़ा नहीं, इससे मैंने जाना कि रीछ मरा नहीं।

हैं! क्या आपत्ति आई, देखता हूँ कि रीछ डरा हुआ अंधाधुंध भागा मेरी ओर आ रहा है। मैंने गोली मारी, परंतु खाली गई। दूसरी छोड़ी, वह लगी तो सही, परंतु रीछ गिरा नहीं। मैं दूसरी बंदूक उठाना ही चाहता था कि उसने झपट कर मुझे दबा लिया और लगा

मेरा मुँह नोंचने। जो कष्ट मुझे उस समय हो रहा था, मैं उसे वर्णन नहीं कर सकता। ऐसा प्रतीत होता था मानो कोई छुरियों से मेरा मुँह छील रहा है।

इतने में दुगार और साथी रीछ को मेरे ऊपर बैठा देख कर मेरी सहायता को दौड़े। रीछ उन्हें देख, डरकर भाग गया। सारांश यह कि मैं घायल हो गया, पर रीछ हाथ न आया और हमें खाली हाथ गाँव लौटना पड़ा।

एक मास पीछे हम फिर उस रीछ को मारने के लिए गए, मैं फिर भी उसे न मार सका उसे दुगार ने मारा, वह बड़ा भारी रीछ था। उसकी खाल अब तक मेरे कमरे में बिछी हुई है।

धर्मपुत्र

किसी महात्मा के वरदान से एक अति निर्धन किसान के एक पुत्र हुआ। महात्मा ने यह बतला दिया था कि जन्म होते ही किसी पुरुष को बालक का धर्मपिता और किसी स्त्री को उसकी धर्ममाता बना देना, नहीं तो बालक को जान का जोखिम है। पुत्र- जन्म के अगले दिन किसान ने एक पड़ोसी से कहा कि मेरे बालक के धर्मपिता बन जाइए। उसने उत्तर दिया कि मैं ऐसे कंगाल के पुत्र का धर्मपिता नहीं बनता। इस पर बेचारा किसान सारे गाँव में फिरा, पर किसी ने पुत्र का धर्मपिता बनना स्वीकार न किया। तब वह निराश होकर दूसरे गाँव चल दिया। राह में एक महापुरुष से उसकी भेंट हुई।

महात्मा बच्चा, कहाँ जाते हो?

किसान- महाराज, कहाँ जाते हो? परमात्मा ने इस बुढ़ापे में आँखों का तारा, जीवन का सहारा, नाम लेवा, पानी देवा एक पुत्र दिया है। उसके धर्मपिता-माता बनाए बिना उसकी जीवन कठिन है। महात्मा का वरदान ही ऐसा है। मेरे निर्धन होने के कारण कोई उसका धर्मपिता नहीं बनता। अब किसी दूसरे गाँव में जाता हूँ, शायद कोई दया करके बालक का धर्मपिता बन जाए।

महात्मा- ओह, यह बात है। मैं बन जाता हूँ।

किसान (अति प्रसन्न होकर)- आपने मुझ पर बड़ी दया की, मगर अब उसकी धर्ममाता कौन बने?

महात्मा- यहाँ से थोड़ी दूर पर एक नगर है। चौराहे पर एक धनी वणिक का घर है, वहाँ चले जाओ। द्वार पर ही तुम्हारी उससे भेंट हो जाएगी। यह वृत्तांत सुनाकर कहना कि आप अपनी पुत्री से कह दीजिए कि मेरे पुत्र की धर्ममाता बन जाए।

किसान- ऐसे धनी पुरुष से यह बात कैसे कह सकता हूँ? वह मुझसे शायद बात न करे।

महात्मा- नहीं, ऐसी बात नहीं। तुम तुरन्त चले जाओ।

किसान उस सौदागर के पास पहुँचा। बड़े हर्ष से अपनी पुत्री को उसके पुत्र की धर्म-माता बनाना मंजूर कर लिया।

2

यह बालक बड़ा पराक्रमी और बुद्धिमान था। दस वर्ष की अवस्था में उसकी बुद्धि ऐसी अच्छी थी कि जो विद्या अन्य बालक पाँच वर्ष में सीख सकते थे, वह एक वर्ष में सीख लेता था।

एक बार दीपमाला के अवसर पर बालक माता-पिता की आज्ञा लेकर नगर में अपनी धर्ममाता को प्रणाम करने गया। संध्या समय पर लौट आने पर वह पिता से कहने लगा पिताजी, अपनी धर्ममाता को तो प्रणाम कर आया, पर धर्मपिता के दर्शन करना भी आवश्यक है। कृपा करके मुझे बताइए, उसका स्थान कहाँ है?

पिता बेटा, हमें स्वयं इसका बड़ा दुःख है कि हम उनका निवास स्थान नहीं जानते। तुम्हारे नामकरण के बाद हमने उन्हें कभी नहीं देखा। क्या जाने मर गए कि जीते हैं!

बालक मैं उनके दर्शन करूँगा। आज कृपा कर मुझे आज्ञा दीजिए। उद्योग करने से कहीं न कहीं भेंट हो ही जाएगी। माता-पिता ने बालक को आज्ञा दे दी और उसने घर से बाहर निकलकर जंगल की राह ली।

3

अकस्मात राह में एक महात्मा दिखाई पड़े।

महात्मा- बेटा, कहाँ जाते हो?

बालक अपने धर्मपिता की खोज में। मैंने आज तक कभी उनके दर्शन नहीं किए। मुझे उनके दर्शन की बड़ी अभिलाषा है, पर मेरे माता- . पिता की आज्ञा लेकर मैं अपने धर्मपिता को ढूँढ़ने जाता हूँ।

महात्मा वाह-वाह! लो, तुम्हारा काम बन गया। मैं ही तुम्हारा धर्मपिता हूँ।

बालक ने प्रसन्न होकर उनके चरण छुए और पूछा तो अब आप किधर जा रहे हैं? यदि मेरे घर चलने का विचार है तो अहोभाग्य, नहीं तो मैं आपके साथ चलूँगा

महात्मा- मुझे इस समय तुम्हारे घर चलने का अवकाश नहीं हैं। मैं कल निज-स्थान को लौटूंगा। तुम कल वहाँ आ जाना।

बालक मैं आपका घर नहीं जानता, आऊँगा कहाँ?

महात्मा- कल प्रातःकाल अपने घर से निकलकर सीधे पूर्व दिशा की राह लेना। कुछ दुर चलकर तुम्हें जंगल मिलेगा। वहाँ एक घाटी है। उस घाटी में बैठकर तनिक विश्राम करके देखना कि क्या होता है। जो कुछ देखो, उसे भूलना नहीं। फिर वहाँ से आगे

चल देना। जंगल निकल जाने पर एक बाग आएगा। उसमें सुनहरी छत वाला स्थान मेरा घर है मैं द्वार पर ही तुम्हें मिल जाऊँगा बालक जो आज्ञा।

यह कहकर धर्मपिता अन्तर्धान हो गए और बालक अपने घर लौट आया।

4

दूसरे दिन प्रातःकाल बालक ने जंगल की राह ली। पूर्व दिशा की ओर चलते-चलते वह घाटी में पहुँच गया। देखा कि बीच में चीड़ का एक वृक्ष है, उसी शाखा में रस्से से बँधा हुआ एक बड़ा शहतीर लटक रहा है और ठीक उसके नीचे शहद से भरा हुआ एक कुंड है। बालक बैठकर देखने लगा। इतने में बच्चों के संग उसे एक रीछनी आती दिखाई दी। वे सब दौड़कर मधु-कुंड के पास पहुँचे। रीछनी लटकते हुए शहतीर को सिर से ढकेलकर मधु खाने लगी और बच्चों ने भी वैसा ही किया। इतने में शहतीर उलटकर बच्चों को लगी। रीछनी ने उसे फिर धक्का दिया। वह उलटकर एक बच्चे की पीठ पर लगी, बच्चे भाग गए। रीछनी ने शहतीर को फिर बड़े जोर से धक्का दिया। उस समय बच्चे आकर मधु खाने लगे थे। बल्ली उलटकर एक बच्चे को ऐसी लगी कि वह मर गया। रीछनी को क्रोध आ गया। उसने बल्ली को ऐसा झटका दिया कि रस्सा टूट गया, बल्ली रीछनी के सिर पर गिरी और वह मर गई।

5

बालक इस दृश्य का अर्थ कुछ न समझा और वहाँ से चल दिया। बाग में पहुँचकर फाटक पर धर्मपिता से उसकी भेंट हो गई। वह बालक को भीतर ले गया। बालक ने ऐसा सुन्दर और रमणीक स्थान

कभी नहीं देखा था। धर्मपिता ने उसे सारा महल दिखाया और तब एक द्वार पर खड़ा होकर कहने लगा बेटा, देखो, इस द्वार पर ताला नहीं, केवल मोहर लगी हुई है। यह द्वार खुल सकता है, परन्तु तुम कभी इसे खोलने का इरादा न करना। जब तक चाहो, इस घर में रहो, पर इस द्वार को कभी न खोलना। यदि भूलकर कभी खोल बैठो तो रीछनी वाला दृश्य याद रखना, भूल न जाना।

अगले दिन धर्मपिता तो कहीं बाहर चला गया, धर्मपुत्र वहाँ आनन्दपूर्वक निवास करने लगा। रहते-रहते तीन वर्ष बीत गए। एक दिन मोहर वाले द्वार पर खड़ा होकर वह विचार करने लगा कि धर्मपिता ने इस द्वार को खोलने का निषेध क्यों किया है, देखूँ तो इसके भीतर है क्या?

धक्का देने पर मोहर टूट गई, द्वार खुल गया। देखा कि अन्दर बड़ा दालान है। बीच में एक सिंहासन पड़ा हुआ है और उस पर एक गदा रखी हुई है। धर्मपुत्र ने झट से सिंहासन पर चढ़कर गदा उठा ली। गदा उठाते ही दालान तो लोप हो गया, उसे सारा संसार दृष्टिगोचर होने लगा। कहीं समुद्र, कहीं धरती, कहीं जंगल, कहीं बस्ती, कहीं उजाड़, कहीं पुण्यात्मा, कहीं पापात्मा सब-के-सब आँखों के सामने आ गए। अब धर्मपुत्र ने विचारा कि चले, अपने खेत तो देखें कि अनाज कैसा पैदा हुआ है। देखता क्या है कि खेती पकी खड़ी है और दूलो चोर रात को चोरी से फसल काटकर अपने घर में जाना चाहता है। धर्मपुत्र ने सोचा कि यह तो सारी खेती ही चुरा ले जाएगा, मुझे पिता को जगा देना उचित है। उसने अपने पिता को जगा दिया। पिता ने पड़ोसियों को जगाकर खेत में पहुँचकर दूलो को पकड़ लिया और उसे कारागार में भिजवा दिया।

तब धर्मपुत्र ने विचारा कि चलो, अपनी धर्ममाता को देखें कि वह क्या करती हैं। धर्ममाता का विवाह एक सौदागर से हो चुका

था। इस समय वह सोयी पड़ी थी। उसका पति उसे सोती छोड़कर किसी परस्त्री के पास चल दिया था। धर्मपुत्र ने यह दशा देखकर धर्ममाता को जगा दिया और कहा कि तुम्हारा पति इस समय अमुक स्त्री के पास गया है। धर्ममाता उस स्त्री के घर जाकर अपने पति को निकाल लायी और अपनी सौत को बहुत मारा।

6

इसके बाद धर्मपुत्र ने देखा कि उसकी माता झोपड़े में सोयी हुई है, एक चोर भीतर घुसकर उसका सन्दूक तोड़ने लगा है। माता जाग उठी, चोर उसे मारने दौड़ा। धर्मपुत्र ने क्रोध से चोर को गदा मारी, चोर तुरन्त मर गया और गदा हाथ से छूट गई। गदा छूटते ही संसार का दृश्य जाता रहा। फिर वही दालान था और बाहर से धर्मपिता आकर खड़ा था। उसने धर्मपुत्र को सिंहासन से नीचे उतारकर कहा आखिर तुमने मेरी आज्ञा भंग की। देखो, पहला पाप तुमने यह किया कि मोहर तोड़ी, दूसरा पाप यह कि सिंहासन पर बैठकर मेरी गदा हाथ में ली, तीसरा पाप यह कि गदा हाथ में लेकर तुमने जगत् में इतना पाप फैला दिया कि यदि तुम आधा घंटा और बैठे रहे तो आधा संसार नष्ट हो जाता। देखो, मैं स्वयं सिंहासन पर बैठकर तुम्हें दिखाता हूँ कि तुमने क्या कर डाला।

यह कहकर उसने सिंहासन पर बैठकर गदा हाथ में ले ली। फिर संसार आँखों के सामने आ गया।

धर्मपिता देख, तूने अपने पिता की क्या दुर्दशा कर दी है। दूलो चोर कारागार रहकर सब प्रकार के दुष्कर्म सीख आया है। अब उसका सुधार असम्भव है। वह तेरे पिता के दो बैल चुरा चुका है। इस समय वह खलिहान में आग जलाने को तैयार है। यह सब तेरी ही करतूत है।

धर्मपुत्र अपने पिता का खलिहान जलता हुआ देखकर शोकातुर हुआ।

धर्मपिता देख, अब इधर देख, यह तेरी धर्ममाता का पति है। इसने परस्त्री-गामी होकर अपनी विवाहिता स्त्री को त्याग दिया। इसकी पहली प्रिया वेश्या बन गई है। तेरी धर्ममाता दुःख से पीड़ित होकर मद्यसेवनी हो गई है। देख, अच्छा अब यह अपनी माता को देख कि वह क्या कर रही है।

माता कह रही थी क्या अच्छा होता यदि चोर उस रात मुझे मार डालता, मैं इन पापों से बच जाती।

तब धर्मपिता ने धर्मपुत्र को कारागार का दृश्य दिखाया कि दो सिपाही एक डाकू को पकड़े खड़े हैं।

धर्मपिता- देख, इस डाकू ने दस मनुष्यों का वध किया है। उचित यह था कि वह अपने पाप कर्मों पर आप पश्चाताप करता, परन्तु तूने उसे मारकर उसके सारे पाप अपने ऊपर ले लिये। पाप-कर्म का फल भोगना ही पड़ेगा। यदि तो रीछनी वाला दृश्य स्मरण रखता तो तेरी यह दशा न होती। देख, रीछनी ने पहली बार शहतीर ढकेला तो बच्चे डर गए, फिर ढकेला तो एक बच्चा मर गया, तीसरी बार ढकेला तो आप प्राण खो बैठी। वही तूने किया। अब उपाय यही है कि तीस वर्ष तप करके तू डाकू के पापों का प्रायश्चित कर, नहीं तो उसके बदले तुझे नरक भोगना पड़ेगा।

धर्मपुत्र- डाकू के पापों का प्रायश्चित मैं किस भाँति कर सकती हूँ?

धर्मपिता- जितना पाप तूने जगत् में फैलाया है, उसको दूर कर देना और अपने पापों का प्रायश्चित कर देना है। धर्मपुत्र मैं संसार के पाप कैसे दूर कर सकता हूँ? धर्मपिता पूर्व दिशा को जाने पर तुझे खेत में कुछ मनुष्य मिलेंगे। निज बुद्धि अनुसार उन्हें शिक्षा देना और

रास्ते में जो कुछ देखो, उसे स्मरण रखना। चौथे दिन तुझे एक जंगल मिलेगा। वहाँ एक कुटिया है। उसमें एक साधु निवास करता है। उसे सारा वृत्तांत सुना देना। वह तुझे प्रायश्चित करने की क्रिया बतला देगा। उसकी आज्ञानुसार तप करने से तेरे पाप दूर हो जायेंगे।

धर्मपुत्र यह बातें सुनकर वहाँ से चल दिया।

7

राह में धर्मपुत्र यह विचार करता जा रहा था कि बिना अपने ऊपर पाप लिये, संसार से पाप किस प्रकार नष्ट हो सकता है। पापियों को कारागार भेजने या वध करने से ही जगत् से पाप दूर हो सकता है, और कोई उपाय नहीं देखता क्या है कि खेत में एक बछड़ा घुसा है। लोग उसे बाहर निकाल रहे हैं, वह निकलता नहीं। एक बुढ़िया बाहर खड़ी पुकार रही है कि मेरे बछड़े को क्यों मारते हो। धर्मपुत्र ने किसानों से कहा कि तुम क्यों व्यर्थ हल्ला मचाते हो? बाहर आ जाओ। बुढ़िया आप अपने बछड़े को बुला लेगी। किसान बाहर निकल आए। बुढ़िया ने बछड़े को पुकारा। वह झट से दौड़कर बाहर आ गया और बुढ़िया के हाथ चाटने लगा धर्मपुत्र इतना तो समझ गया कि पाप पाप से बढ़ता है। मनुष्य पाप- कर्म द्वारा पाप नष्ट करने का जितना यन्त्र करते है, उतना ही पाप फैलता है, परन्तु इसे नष्ट क्यों करूं? देखो, बुढ़िया के पुकारने पर बछड़ा बाहर न निकलता तो क्या होता।

8

अगले दिन धर्मपुत्र एक गाँव में पहुँचा और एक किसान के घर में जाकर चारपाई पर बैठ गया। एक स्त्री मैले वस्त्र से पत्थर की चौकी साफ कर रही थी। वह जितना साफ करती थी, चौकी उतनी ही मैली हो जाती थी।

धर्मपुत्र भाई, यह क्या करती हो?

स्त्री चौकी साफ करती हूँ। मैं तो थक गई, यह किसी तरह साफ ही नहीं होती।

धर्मपुत्र शुद्ध कैसे हो, वस्त्र तो मैला है। पहले वस्त्र धोकर स्वच्छ कर लो, फिर चौकी तुरन्त साफ हो जाएगी।

स्त्री ने वैसा ही किया, चौकी साफ हो गई। अगले दिन धर्मपुत्र एक जंगल में पहुँचा, देखा कि कुछ मनुष्य एक लोहे की छड़ को मोड़ रहे हैं, पर वह नहीं मुड़ती। लोग अपना चक्कर खाए चले जाते हैं।

बात यह थी कि जिस खम्भे के साथ उन्होंने छड़ का सिरा बाँध रखा था, वह स्वयं घूमता था। छड़ मुड़े कैसे? छड़ के साथ- साथ खम्भा चक्कर खाता था और उसके साथ- साथ मनुष्य भी चक्कर खाते जाते थे।

धर्मपुत्र तुम यह क्या करते हो?

लोग- तुम देखते नहीं कि हम क्या करते हैं। हम छड़ मोड़ रहे हैं। हम परिश्रम करते- करते हार गए, परन्तु यह छड़ मुड़ती ही नहीं।

धर्मपुत्र- मुड़े कैसे, खम्भा तो घूम जाता है? यदि पहले खम्भे को स्थिर कर लो, तो छड़ तुरन्त मुड़ जाएगी।

किसानों ने वैसा ही किया और छड़ मुड़ गई। अगले दिन धर्मपुत्र को कुछ चरवाहे मिले, देखा कि वे शीत- निवारण के लिए आग जला रहे थे। उन्होंने सूखी लकड़ियाँ एकत्रित करके आग जलायी। अभी आग जली ही थी उन्होंने ऊपर से गीली घास डाल दी। आग बुझ गई। चरवाहों ने कई बार ऐसा ही किया, परन्तु आग न जली।

धर्मपुत्र- भाई, कुछ धैर्य धारण करो। पहले आग को भली-भाँति दहक लेने दो, प्रचंड हो जाने पर जो डालोगे, भस्म हो जाएगा। चरवाहों ने वैसा ही किया। आग जलने लगी, परन्तु धर्मपुत्र ने इन दृश्यों का तात्पर्य कुछ नहीं समझा।

9

चौथे दिन धर्मपुत्र साधु की कुटिया पर पहुँच गया।

साधु- कौन?

धर्मपुत्र- पापी और महान पापी मैं अपने और दूसरों के पापों का प्रायश्चित करने आपके पास आया हूँ।

साधु- (बाहर आकर) कौन-से पाप?

धर्मपुत्र ने आदि से अंत तक सारा वृत्तान्त साधु को कह सुनाया और बोला- प्रभो, मैं यह तो समझ गया कि पाप से पाप दूर नहीं होता, अपितु बढ़ता ही है; परन्तु आप कृपा कर यह उपदेश कीजिए कि पाप नष्ट किस प्रकार हो सकता है?

साधु- अच्छा, मेरे साथ आओ।

साधु ने जंगल में जाकर धर्मपुत्र को कुठार देखकर कहा कि इस वृक्ष के तीन टुकड़े काटकर इसे आग में झुलसा दो धर्मपुत्र ने वैसा ही किया तब साधु बोला- अच्छा, अब उन्हें धरती में गाड़ दो सामने पहाड़ी के नीचे एक नदी बहती है, वहाँ से मुँह में भर-भरकर पानी लाओ और इन तीनों टुकड़ों को सींचते रहो पहला तुंड स्त्री, दूसरा किसानों और तीसरा चरवाहों वाला है जब तीनों तुंड हरे हो जायं तो जान लेना कि तेरी तपस्या पूर्ण हो गई।

यह कहकर साधु कुटिया में चला गया।

10

जब धर्मपुत्र टुकड़ों को पानी देकर संध्या के समय कुटिया में पहुँचा, तो देखा कि साधु मरा हुआ पड़ा है। उसने साधु का दा कर्म किया।

लोगों में यह बात प्रसिद्ध हो गई कि साधु का देहान्त हो गया और उसने धर्मपुत्र को अपना शिष्य बनाकर छोड़ दिया है। सा की उस प्रान्त में बड़ी प्रतिष्ठा थी, इस कारण धर्मपुत्र को अन्न-पानी का घाटा न रहा।

एक वर्ष के पश्चात् दूर- दूर यह चर्चा फैल गई कि धर्मपुत्र नित्य मुँह में पानी भर-भरकर लाता है और उससे टुंड को सींचकर कठिन तपस्या करता है। फिर क्या था, चढ़ावा चढ़ने लगा। संसारी पुरुष स्वार्थ के वश दूर-दूर से उसके पास आने लगे और धर्मपुत्र पुजने लगा। परन्तु उसका यह नियम था कि जो कुछ आता, अनाथों में बाँट देता, अपने लिए केवल उदर-पूरण योग्य अन्न ही रखता और कुछ नहीं।

यद्यपि उसे टुंड सींचते-सींचते कई वर्ष हो गए, परन्तु हरा एक भी नहीं हुआ। एक दिन कुटिया के बाहर उसे घोड़े पर सवार कोई मनुष्य जाता दिखाई दिया। धर्मपुत्र ने बाहर जाकर पूछा- तुम कौन हो?

पुरुष- मै डाकू हूँ। मनुष्यों को मारकर, उनका धन चुराकर मौज करता हूँ।

धर्मपुत्र- (भय से स्वगत) इसका सुधार असम्भव है और लोग तो मेरे पास आकर अपने पापों का पश्चाताप करते हैं, किन्तु यह तो अपने पापों की प्रशंसा करता है। हाय- हाय, यदि यह डाकू यहाँ आया-जाया करेगा तो लोग डर के मारे मेरे पास आना छोड़ देंगे

फिर मुझे अन्न-पानी भी न मिलेगा। (प्रकट) तेरी वार्ता सुनकर मुझे बड़ा आश्चर्य होता है। लोग तो मेरे पास आकर अपने पाप कर्मों का स्मरण करके पश्चाताप करते हैं, किन्तु तू उन पर घमंड करता है। स्वभावतः तुझे परमेश्वर का भय नहीं है। देख, यहाँ तेरे आने से लोग भय खाकर मेरे पास आना छोड़े देंगे। इस कारण तू यहाँ से चला जा और फिर यहाँ न आना।

डाकू- मैं परमात्मा से नहीं डरता। रही चोरी, सो इसमें पाप क्या है? तू तपस्या से पेट भरता है, मैं चोरी से। पेट पालन सबको ही करना पड़ता है। ये बातें तू उन्हीं मूर्बो को सिखलाना, मुझे क्या सिखलाता है। मैं तो परमात्मा के नाम पर कल और दो मनुष्यों का वध कर डालूँगा। बस कि और कुछ भी मैं तेरे रुधिर से अपने हाथ रंगना नहीं चाहता। देख फिर मेरे मुँह न लगाना।

यह कहकर डाकू वहां से चल दिया।

11

धर्मपुत्र को वहाँ रहते-रहते आठ वर्ष व्यतीत हो गए। डाकू के भय से लोगों ने कुटिया पर आना छोड़ दिया। धर्मपुत्र को इसका बड़ा खेद हुआ। एक समय उसने चित्त में सोचा डाकू सत्य कहता था, मैंने तो निस्संदेह तपस्या को जीविका बना रखा है। साधु ने तो तप करने को कहा था, किन्तु मैंने अच्छा तप किया कि महंत बनकर अपने को पुजवाने लगा। जब लोग यहाँ आकर स्तुति करते हैं तो प्रसन्न होता हूँ, जब नहीं आते तो दुःख मानता हूँ। क्या इसी का नाम तपस्या है? मान और प्रतिष्ठा के लोभ में हूँ। पाप नष्ट तो क्या करता, उल्टा और संचय कर लिये। बस, अब उत्तम यही है कि विरक्त होकर एकांत में बैठकर पहले अन्तःकरण शुद्ध करूँ, तब कुछ बनेगा अन्यथा नहीं।

यह निश्चय करके वह कुटिया छोड़कर जंगल को चल दिया मार्ग में उसकी फिर डाकू से भेंट हुई।

डाकू- क्यों, आज कहाँ चले?

धर्मपुत्र- एकांत सेवन करने, क्योंकि अब मैं ऐसे स्थान पर निवास करना चाहता हूँ, जहाँ कोई न आए।

डाकू- तो पेट कहाँ से भरोगे

धर्मपुत्र- जैसी ईश्वरेच्छा, देखा जाएगा।

डाकू तो चल दिया। धर्मपुत्र सोचने लगा, मैंने उसे उपदेश क्यों न किया? आज तो उसका मुख शान्त था। संभवतः कुछ सुनकर वह सन्मार्ग पर चलने का उद्योग करता।

धर्मपुत्र- (डाकू को पुकारकर) ओ भाई डाकू, सुनो, परमात्मा सर्वत्र व्यापक है। अब भी मान जाओ, यह दुष्ट कर्म त्याग दो। डाकू यह सुनकर छुरा निकालकर धर्मपुत्र को मारने दौड़ा। धर्मपुत्र डरकर झट से जंगल में भाग गया।

डाकू- जा! चला जा। छोड़ देता हूँ। यदि फिर कभी मेरे सामने आया तो मार ही डालूँगा।

संध्या समय धर्मपुत्र जब टुंड सींचने गया तो उसने देखा कि स्त्री बाला टुंड हरा हो गया।

12

अब धर्मपुत्र विरक्त होकर एकांत सेवन करने लगा। एक दिन जब वह क्षुधावश होकर कंद-मूल-फल खाने गुफा से बाहर निकला, तो देखता क्या है कि सामने के वृक्ष पर साफे में बंधी रोटी लटक रही

है। रोटी लेकर वह गुफा में लौट आया। जब कभी भूख सताती और वह गुफा से बाहर आता, तब उसे वृक्ष से रोटी मिल जाती। वह सुखपूर्वक काल व्यतीत करने लगा। उसे केवल यह भय बना रहता कि ऐसा न हो कि तपस्या पूर्ण होने से पहले ही डाकू मुझे मार डाले। यदि कभी डाकू की आहट पाता, तो वह गुफा में छिप जाता। दस वर्ष जीवित जाने पर वह एक दिन जब टुकड़ों को पानी दे रहा था, तो उसके चित्त में यह विचार उत्पन्न हुआ; मैं मृत्यु से डरता हूँ, यह भी पाप है। कौन जाने कि मैं प्राणांत होने से ही पापों से निवृत्त हो जाऊँ। हानि-लाभ सब परमात्मा के हाथ है, मनुष्य किसी का कुछ नहीं बिगाड़ सकता।

इस विवेक के उत्पन्न होते ही वह अभय होकर डाकू की खोज में चला। थोड़ी दूर जाने पर उसे सामने से डाकू आता दिखाई पड़ा। देखता क्या है कि डाकू ने हाथ-पैर नाँचे एक मनुष्य को चोड़े पर अपने पीछे बिठा रखा है।

धर्मपुत्र- भाई डाकू, यह कौन है? इसे कहाँ लिये जाते हो? डाकू यह एक धनाढ्य सौदागर का पुत्र है, अपने पिता के धन का पता नहीं बतलाता है। मैं इसे जंगल में ले जाकर किसी वृक्ष से बाँधकर इतने चाबुक मारूँगा कि यह आप ही बतला देगा।

डाकू- क्यों, क्या तुम्हारा जी भी मार खाने को चाहता है? हटो, अपना रास्ता लो, नहीं तो अभी मार डालूँगा

धर्मपुत्र- (निडर होकर) मैं अभय हूँ, मरने से नहीं डरता। बस, परमात्मा की यही आज्ञा है कि इस मनुष्य को छोड़ दो।

धर्मपुत्र नहीं- नहीं, ऐसा मत करो, इसे छोड़ दो।

डाकू- अच्छा, छोड़ देता हूँ। देखो, मैंने कितनी बार तुमसे कहा है कि तुम मेरे सामने न आया करो, परन्तु तुम नहीं मानते। धर्मपुत्र

भाई, अब भी लूटमार छोड़ दो।- डाकू ने कुछ न सुना। वह घोड़ा दौड़ाकर वहाँ से चल दिया। मनुष्य प्रसन्न होकर धर्मपुत्र का धन्यवाद करता हुआ अपने घर लौट गया।

संध्या समय धर्मपुत्र ने जाकर देखा कि किसानों वाला टुंड हरा हो गया है।

13

दस वर्ष बीत गए। धर्मपुत्र शान्त-स्वरूप, राग- द्वेष से रहित, अभय पद को प्राप्त होकर आनन्द में मग्न बैठा एक दिन यह विचार करने लगा।

अहा, परमात्मा कैसा कृपालु और दयालु है। उसने मनुष्यों के लिए क्या- क्या अद्भुत पदार्थ उपस्थित किये है। तिस पर भी मनुष्य दुःख से क्लेशित क्यों है? मेरी समझ में नहीं आता कि मनुष्य सुख से जीवन क्यों व्यतीत नहीं करते? मेरे ध्यान में तो केवल अज्ञान ही इसका मूल कारण है। यदि प्रेमभाव से प्राणियों को सदुपदेश दिया जाए तो उन्हें सुख मिल सकता है। एकांत में रहना पाप है। मेरा धर्म है कि इस तप से जो कुछ मुझे प्राप्त हुआ है, दूसरों पर उसको प्रकट करूँ।

उस समय उसका चित्त दया से परिपूर्ण हो गया। इतने में उसे डाकू दिखाई पड़ा। पहले तो उसने विचारा कि डाकू को उपदेश करना व्यर्थ है, इतनी बार समझा चुका हूँ। परन्तु उसने सोचा कि क्या हुआ, मेरा धर्म ही यह है कि प्राणिमात्र से प्रेम और दयाभाव उत्पन्न करूँ।

धर्मपुत्र ने देखा कि डाकू नेत्र नीचे किये मलिन मन उसकी ओर आ रहा है। वह दौड़कर डाकू के चरणों में गिर पड़ा और बोला

भाई, ऐ भाई प्यारे, अपने स्वरूप को विचारो। देखो, तुम्हारे भीतर सत्-चित्त-आनन्द स्वरूप, शुद्ध, नित्य, मुक्त परमात्मा विराजमान हैं। अज्ञान के कारण क्यों दूसरों को कष्ट देते और आप कष्ट भोगते हो? क्यों जन्म-जन्मान्तर के लिए पाप का बोझा इकट्ठा करते हो? भाई, मेरा कहना मानो, अपना सर्वनाश मत करो। मान जाओ, भाई, मान जाओ!

डाकू- (क्रोध से) बस-बस! बकवास को छोड़ो। जाओ, अपना काम करो।

परन्तु अब धर्मपुत्र वहाँ से टलने वाला न था। वह डाकू को आलिंगन करके रोने लगा। डाकू का चित्त उसकी दशा देखकर तुरन्त द्रवित हो गया। वह झट से धर्मपुत्र के चरणों में गिर पड़ा और बोला धर्मपुत्र, आज तुमने मुझे परास्त कर दिया। बीस वर्ष तक मैं तुम्हारा सामना करता रहा। मैंने तुम्हारी एक न सुनी। परन्तु आज बेबस हूँ। देखो, पहली बार जब तुमने मुझे उपदेश किया था, मैंने बड़ा क्रोध किया था। फिर जब तुम गुफा में निवास करने लगे, तो मैं समझ गया कि तुम पूर्ण वैरागी हो गए। उसी दिन से मैं तुम्हारे भोजनार्थ वृक्ष में रोटी लटकाने लगा।

तब धर्मपुत्र ने समझा कि स्त्री चौकी तभी शुद्ध कर सकी जब उसने पहले वस्त्र शुद्ध कर लिया, अर्थात् अपना अन्तःकरण शुद्ध किये बिना दूसरों का अन्तःकरण शुद्ध करना असम्भव है। डाकू जब तुम मृत्यु से अभय हो गए तो मेरा चित्त फिर गया।

धर्मपुत्र जान गया कि जिस प्रकार खंभे को स्थिर किए बिना छड़ नहीं मुड़ सकती थी, उसी प्रकार अपना चित्त स्थिर किए बिना दूसरों के चित्त को अपनी ओर मोड़ना कठिन है।

डाकू परन्तु देखो, जब तक तुम दयामय नहीं बने, मेरा चित्त भी द्रवित नहीं हुआ। परन्तु तुम्हारा प्रेम-रूप बनना था कि मैं तुम्हारे अधीन हो गया।

धर्मपुत्र परमानन्द को प्राप्त होकर डाकू सहित टुंडों के पास गया। देखा कि चरवाहों वाला टुंड भी हरा हो गया है। तब धर्मपुत्र को निश्चय हो गया कि जिस प्रकार मध्यम अग्नि गीली घास को नहीं जला सकती थी, उसी प्रकार जब कर पुरुष का अपना चित्त प्रकाशस्वरूप नहीं हो जाता, तब तक वह दूसरों को प्रकाशित नहीं सकता।

तीनों टुंडों के हरा-भरा हो जाने पर धर्मपुत्र के आनन्द की कोई सीमा न रही। उस विश्वास हो गया कि मेरी तपस्या पूर्ण हुई। उसने डाकू को दीक्षित करके तुरन्त समाधि ले ली। अब डाकू बड़े उत्साह से अपने गुरु के आज्ञानुसार जगत में भक्ति मार्ग का उपदेश करके जीवन व्यतीत करने लगा।